本書の特長

本書は一般的なゴルファーが抱える悩みに対して、考えられる原因とそれに対する解決法を「意識」、「ドリル」、「応急処置」の3つから提案しています。自分が抱える悩みからページを引き、自分に思い当たる原因を理解し、自分に当てはまる解決法でスイングを改善していきましょう。

まずは悩みのページをチェック！

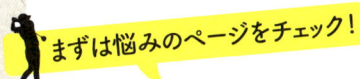

悩み 多くのゴルファーが抱える悩みを上段に示しています。

これが原因 悩みに対して考えられる原因を1～4つ掲げています。

解決法はこの3つ！

JN246100

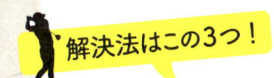

この意識で解決 意識で直す解決法を解説しています。

このドリルで解決 改善のためのドリルを解説しています。

この応急処置で解決 ラウンド中に使える応急処置を解説しています。

悩みから引ける！
ゴルフスイング問題解決大全 CONTENTS

PART 4 飛距離アップの悩み — 117

Opening

なぜ、

ボールは曲がるのか？

打ったボールがすべてまっすぐ飛んでくれたら、
ゴルフはどんなにラクでしょうか。
しかしそんな思いとは裏腹に、ボールは無情にも曲がっていきます。
では、なぜボールは曲がってしまうのでしょうか。
ここではその理由について解説していきます。
曲がる理由がわかれば、まっすぐ飛ばすために
自分に足りないものが見えてくることでしょう。

フェースの向きとヘッド軌道の組み合わせによって球筋が決まる

1 打ち出し方向

▸ インパクト時のフェースの向き
　によって決まる

スクエアフェース ➡ まっすぐ飛び出す

目標方向に対してフェース面が直角の状態。この場合はまっすぐ飛び出します。

オープンフェース ➡ 右に飛び出す

目標方向に対してフェース面が右を向いた状態。この場合は右に飛び出します。

クローズフェース ➡ 左に飛び出す

目標方向に対してフェース面が左を向いた状態。この場合は左に飛び出します。

ボールを芯で捉えたときの曲がり方は、ほぼフェースの向きとヘッド軌道に依存します。とくに打ち出し方向はフェースの向きに、その後の曲がり幅はフェースの向きとヘッド軌道のずれ幅に依存しています。

2 その後の曲り幅

▶ フェースの向きとヘッド軌道のずれ幅によって決まる

フェースの向きとヘッド軌道が一致  曲がらない

フェース面とヘッド軌道がともに同じ方向（ここでは目標方向）を向いている状態。この場合は曲がりません。

フェースの向きよりも内側から入る 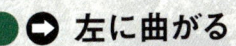 左に曲がる

フェースの向きよりも内側からヘッド軌道が入っている状態。この場合は左へ曲がります。

フェースの向きよりも外側から入る 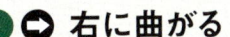 右に曲がる

フェースの向きよりも外側からヘッド軌道が入っている状態。この場合は右へ曲がります。

9通りある曲がり方から
スイングの改善点を見つける

1 ゴルフボールの球筋は9通りある

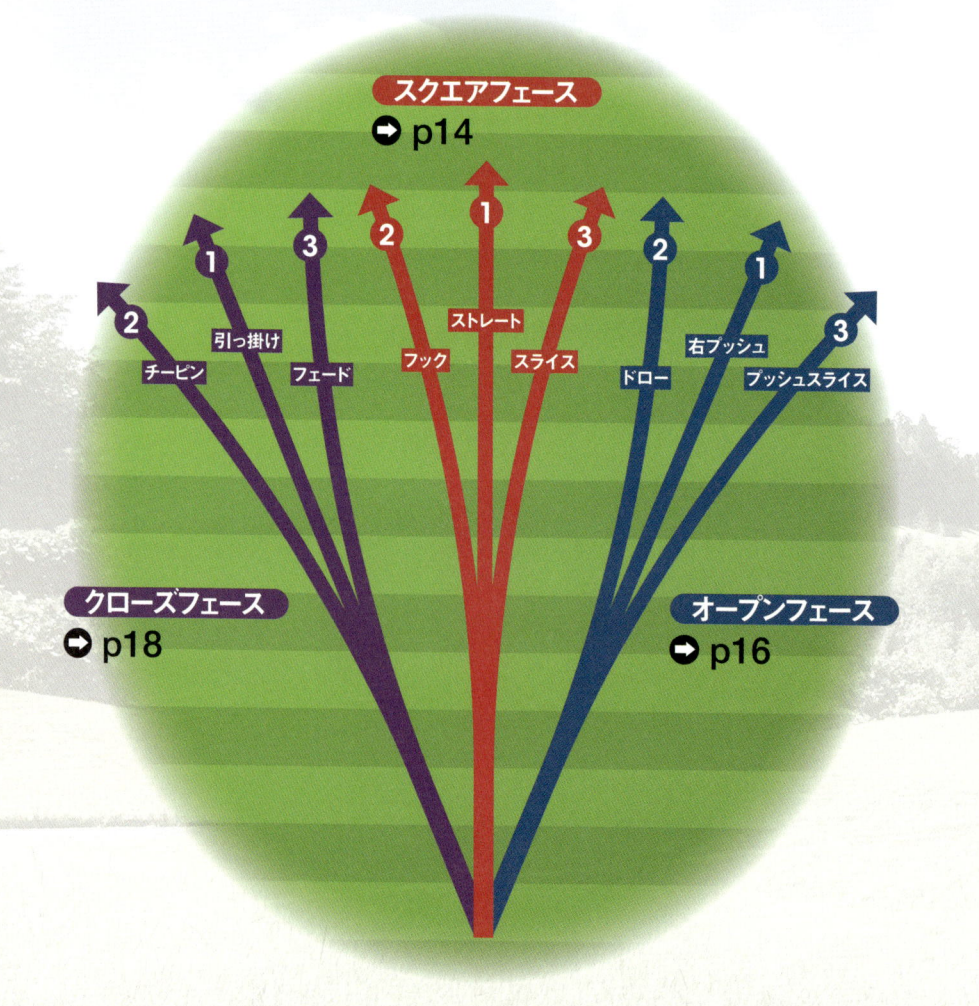

スクエアフェース
➡ p14

クローズフェース
➡ p18

オープンフェース
➡ p16

1 ストレート
2 フック
3 スライス
2 引っ掛け
1 チーピン
3 フェード
2 ドロー
1 右プッシュ
3 プッシュスライス

打ち出し方向はインパクト時のフェースの向きで決まり、その後の曲がり幅はインパクト時のフェースの向きとインパクト前後のヘッド軌道のずれ幅によって概ね決まります。組み合わせは全部で9通りになります。

フェースの向きとヘッド軌道によって決められる球筋は全部で9通りです。ラウンド中に自分がどの球筋が多いのかを正確に見極めることが、曲がらないボールを打つための近道になります。

2 同じ結果でも原因は異なることもある

右に打ち出してからさらに右に曲がってOB

右に打ち出しているのでフェースが開いており、その後さらに右に曲がるということは外側からヘッドが入っていると推測されます。スライスを軽減させるにはフェースの向きとヘッド軌道の両方を修正する必要があります。

まっすぐ打ち出してから右に曲がってOB

まっすぐ打ち出しているのでフェースはスクエアです。その後右に曲がるということは外側からヘッドが入っていると推測されます。スライスを軽減させるにはフェースの向きではなくヘッド軌道を修正する必要があります。

スクエアフェースのときの球筋

フェースの向き

■ スクエアフェース

ボールがまっすぐ飛び出すことが多い人は、フェースをスクエアにして当てていると推測できます。

ヘッド軌道

❶ フェースの向きと一致

ヘッド軌道

❷ フェースの向きよりも内側から入る

ヘッド軌道

❸ フェースの向きよりも外側から入る

ヘッド軌道

球筋

目標に対してスクエアフェースでヘッド軌道も一致すれば、ボールにきれいなバックスピンがかかり、まっすぐ飛んでいきます。これが「ストレート」です。

目標に対してスクエアフェースでヘッド軌道がそれよりも内側から入れば、ボールはまっすぐ飛び出しますが、ボールにはフック回転が入るので、その後左へ曲がります。これが一般的な「フック」です。

目標に対してスクエアフェースでヘッド軌道がそれよりも外側から入れば、ボールはまっすぐ飛び出しますが、ボールにはスライス回転が入るので、その後右へ曲がります。これが一般的な「スライス」です。

オープンフェースのときの球筋

フェースの向き

■ オープンフェース

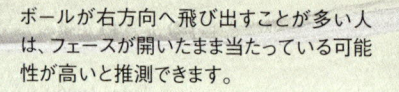

ボールが右方向へ飛び出すことが多い人は、フェースが開いたまま当たっている可能性が高いと推測できます。

ヘッド軌道

❶ フェースの向きと一致

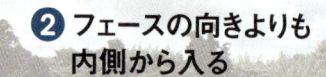

❷ フェースの向きよりも内側から入る

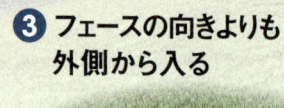

❸ フェースの向きよりも外側から入る

球筋

目標に対してオープンフェースでヘッド軌道も一致すれば、ボールにきれいなバックスピンがかかり、まっすぐ右へ飛んでいきます。これを「右プッシュ」と呼びます。

目標に対してオープンフェースでヘッド軌道がそれよりも内側から入れば、ボールは右へ飛び出しますが、ボールにはフック回転が入るので、その後左へ曲がります。これを一般的に「ドロー」と呼びます。

目標に対してオープンフェースでヘッド軌道がそれよりも外側から入れば、ボールは右へ飛び出しますが、ボールにはスライス回転が入るので、その後さらに右へ曲がります。これを「プッシュスライス」と呼びます。

クローズフェースのときの球筋

フェースの向き

■ クローズフェース

ボールが左方向へ飛び出すことが多い人は、フェースが閉じて当たっている可能性が高いと推測できます。

ヘッド軌道

❶ フェースの向きと一致

❷ フェースの向きよりも内側から入る

❸ フェースの向きよりも外側から入る

球筋

目標に対してクローズフェースでヘッド軌道も一致すれば、ボールにきれいなバックスピンがかかり、まっすぐ左へ飛んでいきます。これを**「引っ掛け」**と呼びます。

目標に対してクローズフェースでヘッド軌道がそれよりも内側から入れば、ボールは左へ飛び出しますが、ボールにはフック回転が入るので、その後さらに左へ曲がります。これを**「チーピン」**と呼びます。

目標に対してクローズフェースでヘッド軌道がそれよりも外側から入れば、ボールは左へ飛び出しますが、ボールにはスライス回転が入るので、その後右へ曲がります。これを一般的に**「フェード」**と呼びます。

「まっすぐ飛べば良し」では 上達しない

スイングの弱点を克服するには、まず自分が練習場で何をしているのかを振り返ってみる必要があります。練習場で「まっすぐ飛ばすこと」だけを目標にしている人は、そもそも自分の弱点や改善すべき点がわかっていない可能性があります。「まっすぐ飛んだからOK、曲がったからやり直し」という具合に、球の行方でスイングの良し悪しを判断していては、スイングの再現性を高めることができず、ラウンドでミスショットしたときの修正が難しいでしょう。もちろんまっすぐ飛ばすことは大切ですが、「なぜまっすぐ飛んだのか、なぜ曲ったのか」を理解することの方が練習では大切なのです。

また、プロであっても、自分がイメージしているスイングと実際のそれには少なからずズレが生じます。そのため、一般ゴルファーが自身のスイングを見ることなしにスイングを修正することは困難です。まずは、ボールの行方だけでスイングの良し悪しを判断するのはやめ、動画を撮影して自身のスイングを客観的に見ることからはじめましょう。

PART 1

グリップ・アドレスの悩み

一般ゴルファーのミスショットの原因を辿ると、その多くはグリップやアドレスにあることがほとんどです。グリップは人とクラブの唯一の接点であり、アドレスはスイングのはじまりの姿勢です。この2つを疎かにしては正しくスイングすることはできないので、しっかり身につけましょう。

悩み① **グリップの握りがしっくりこない**　　　　　　　　**≫ p22**

悩み② **ラウンドに出るとアドレスに違和感をおぼえる**　　**≫ p36**

悩み ▶ グリップの握りが しっくりこない

これが原因 ▶ 1

何となくラクな握りをしている

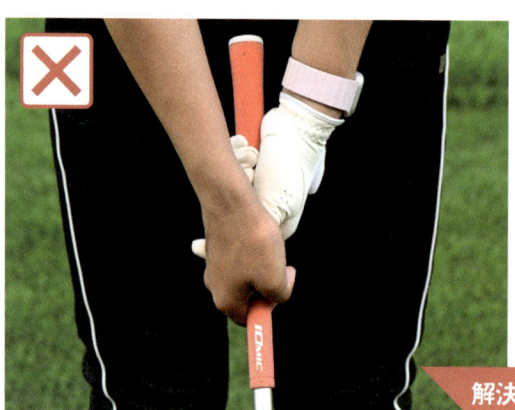

❓ なぜ起こる

「握りやすさ」だけを重視した結果、手のひらで包み込むように握っています。この握りではフェースをコントロールすることが難しくミスショットにつながります。

解決法はp24,26へGO!

これが原因 ▶ 2

手の中でテコが働かずグリップが不安定

❓ なぜ起こる

正しくグリップを握れると手の中でテコの力が働くので、グリップが安定するとともに、トゥ側が垂れません。ダフリやすい人はこの握りができていない可能性があります。

解決法はp30へGO!

グリップの握り方は特殊であり自然に握ってできる形ではありません。そのため覚えた握りに違和感をおぼえ、いつの間にかラクな握りに変えてしまう人がいます。

これが原因 3
右手人差し指を正しく使えていない

❓ なぜ起こる

正しくスイングするには、右手の人差し指の使い方がとても重要になります。なかなかゴルフが上達しない人はここを見直してみましょう。

解決法はp32へGO!

これが原因 4
毎回握り方が変わってしまう

❓ なぜ起こる

グリップを握るためのルーティンや、打つ前のワッグルがない人は、毎回握りが微妙に変わってしまうことがあります。

解決法はp34へGO!

原因1 原因2 原因3 原因4

何となくラクな握りをしている

p22

この**意識で**解決

左手は3本の指にかけて小指球で押さえつける

💡 **意識の置き所**

左手の小指から中指の3本の指で下から支え、小指球で上からグリップを押さえつけます。握りをおぼえたら、毎回同じ手順で握れるようにルーティンをつくりましょう。

小指から中指の第二関節にグリップを置きます。

小指から順に中指までを曲げてグリップを下から支えます。

小指球で押さえる

小指球で上からグリップを押さえつけます。

親指を正しい角度に置きます(右ページ参照)。

左手の握りは3種類

左手の握りは手の甲の向きによって3種類にわかれます。手の甲が上を向くほどボールはつかまり左へ飛びやすくなります。

ストロング	スクエア	ウィーク
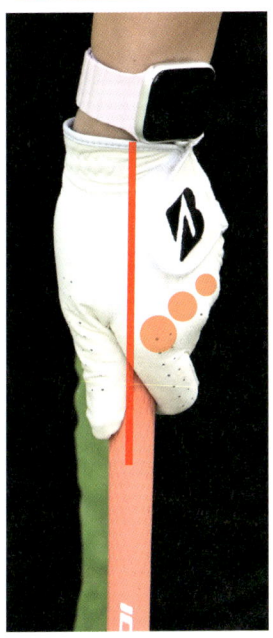		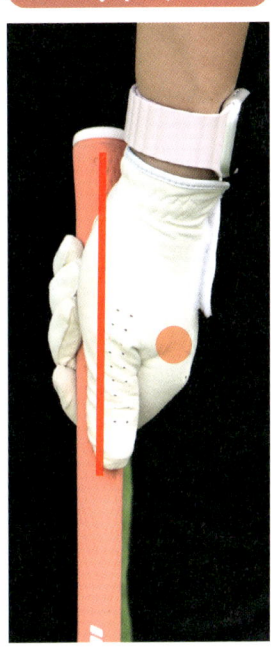
ナックルが3つ見えます。親指はグリップの右側。フェースが開きづらいのでスライサー向き。	ナックルが2つ見えます。親指はグリップの真上からやや右側。中間となる標準的な握り。	ナックルが1つ見えます。親指はグリップの真上。積極的にリストターンを使いたい人向き。

ワンポイントレッスン
ONE POINT LESSON

握るのではなく下から支える意識

「握る」ではなく、「指で下支えする」という意識です。そのためにはグリップを手のひらに置くのではなく、指の第二関節に置いて引っ掛けるようにします。

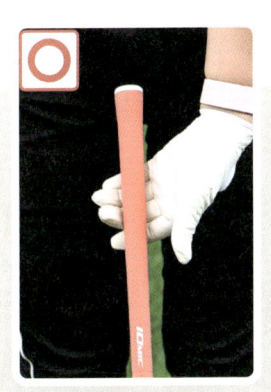

原因1 原因2 原因3 原因4

何となくラクな握りをしている　　　　　　　　　　　**p22**

 この意識で解決

右手は左手の親指を包むように横から握る

💡 **意識の置き所**

右手を握るときは、まず左手親指に生命線を合わせ、包み込むように握ります。左手同様、正しい手順で毎回同じように握れるようになりましょう。

右手生命線を左手親指に合わせ、小指を正しい位置に置きます（右ページ参照）。

小指から順に中指までを曲げてグリップを下から支えます。

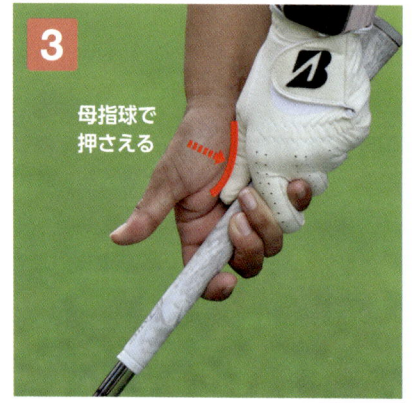

母指球で押さえる

右手の母指球で左手親指を上から押さえつけます。

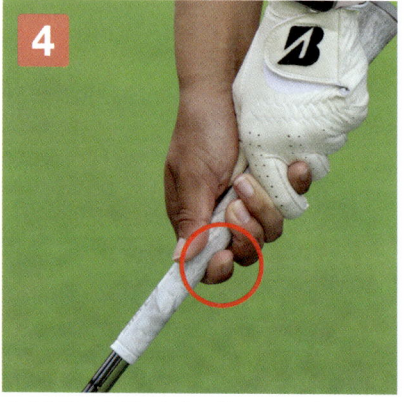

人差し指は中指から少し離してトリガーの形になるようにセットします（詳細はp32）。

右手の握りは主に2種類

右手の握りは小指の位置によって主に2種類にわかれます。

オーバーラッピング

小指を左手の人差し指と中指の間に重ねます。左腕主体で振れる標準的な握りです。

インターロッキング

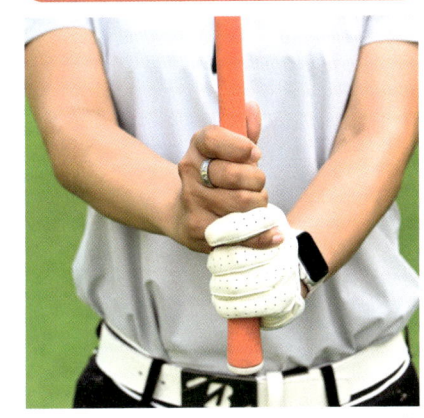

小指を左手の人差し指に絡めます。両手の一体感が得られやすい握りです。

ワンポイントレッスン
ONE POINT LESSON

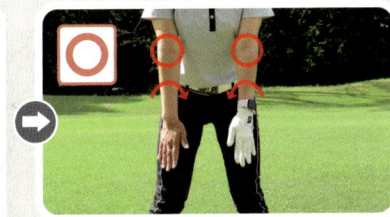

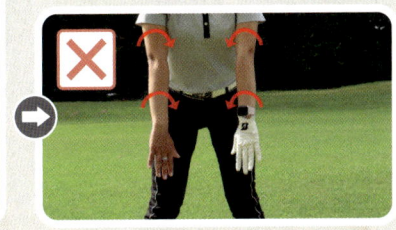

**ひじは回さず
手首だけを回す**

グリップを握るときのひじの向きはスイングに大きく影響します。正しくはひじの内側が上を向いたまま、手首を回してグリップを握ります。ひじも回ってしまうと、正しいスイング軌道を描けません。

スイングのできを左右する
正しいグリップの握り方

左手の握り

ナックルが3つ見えているのでストロンググリップですが、親指位置はややスクエア気味です。そのため、この握りは「ややストロンググリップ」と言えます。このように握り方は人それぞれ微妙に異なるので、自分に合う形を見つけることが大切です。

一度カラダに染みついた握りを修正するのは大変です。握りを変えると一時的に違和感をおぼえスイングが以前より悪くなることもあります。握りに不安がある人は、なるべく早く正しい握りを身につけておきましょう。

右手の握り

親指と人差し指のつけ根がぷっくりと盛り上がっています。この2本の指のつけ根は開かずにつけておくとグリップが安定します。また右手のひらはフェースの向きと連動しているので（p102）横から握ることがとても重要になります。

原因1 **原因2** 原因3 原因4

手の中でテコが働かずグリップが不安定　　　　　　**p22**

この**意識**で解決

小指球で押さえ手の中で
テコの力を働かせる

💡 **意識の置き所**

スイング中にトゥダウンを起こさないように、左手人差し指を支点、小指球を力点、ヘッドを作用点としたテコの力が働くように握ることを意識します。

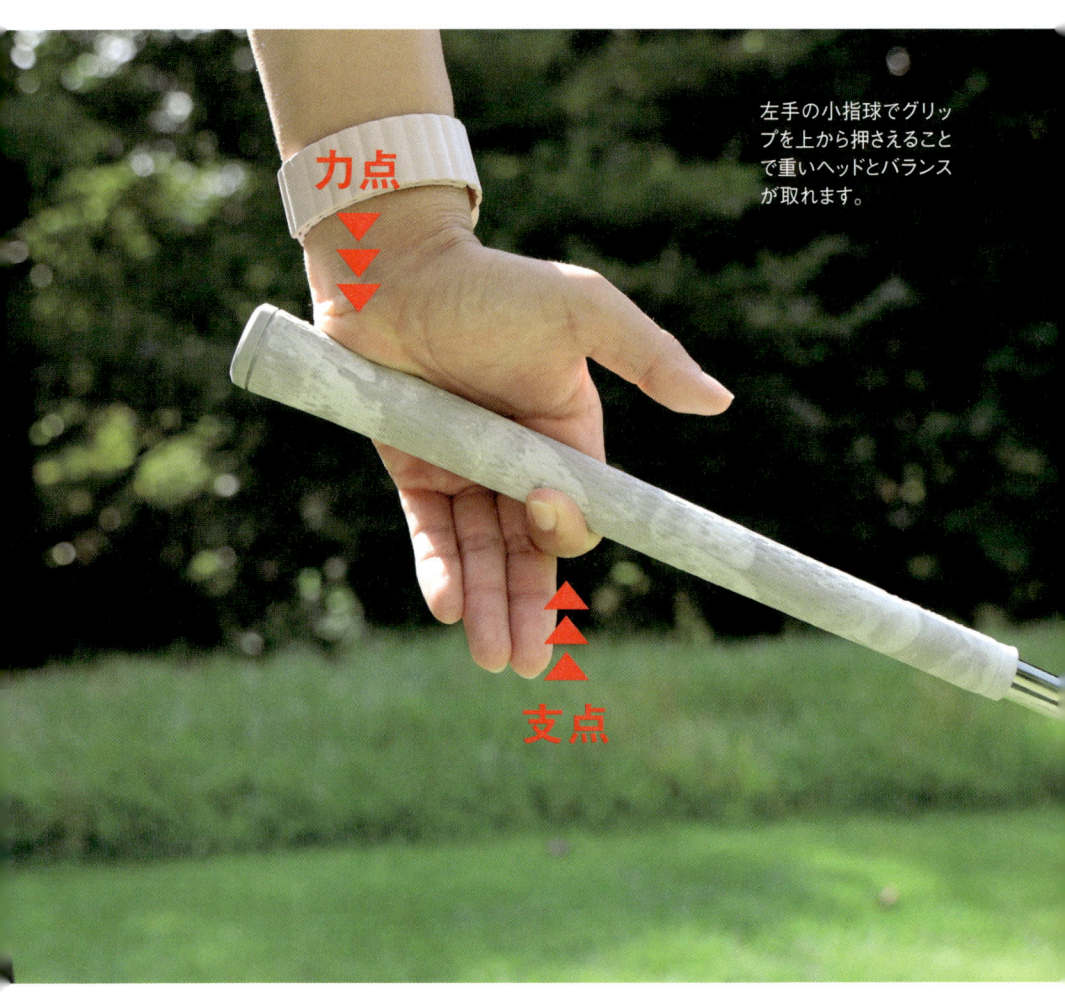

力点

左手の小指球でグリップを上から押さえることで重いヘッドとバランスが取れます。

支点

左手でテコを生み出すことができれば、この握りのままシャフトをラクに上げることができます。

テコが働けばインパクトのトゥダウンを防止できる

スイングには遠心力がかかるので、ヘッドが引っ張られ先端が垂れるトゥダウンが起こりやすくなります。しかしトゥが垂れるとダフるため、無意識にそれを嫌がることで手元が上がります。左手にテコが働けば、このトゥダウンが防げます。

左手にテコが働くことで、アドレスでつくった手首とシャフトの角度がインパクトまで保たれて、ヘッドの先端が垂れるトゥダウンが起きづらくなります。

原因1　原因2　**原因3**　原因4

右手人差し指を正しく使えていない　　　p23

右手の人差し指で
トリガー形状をつくる

💡 **意識の置き所**

ピストルの引き金を引くような人差し指の形を「トリガー」と呼びます。グリップを握るときに、人差し指をこの形にすることを意識しましょう。

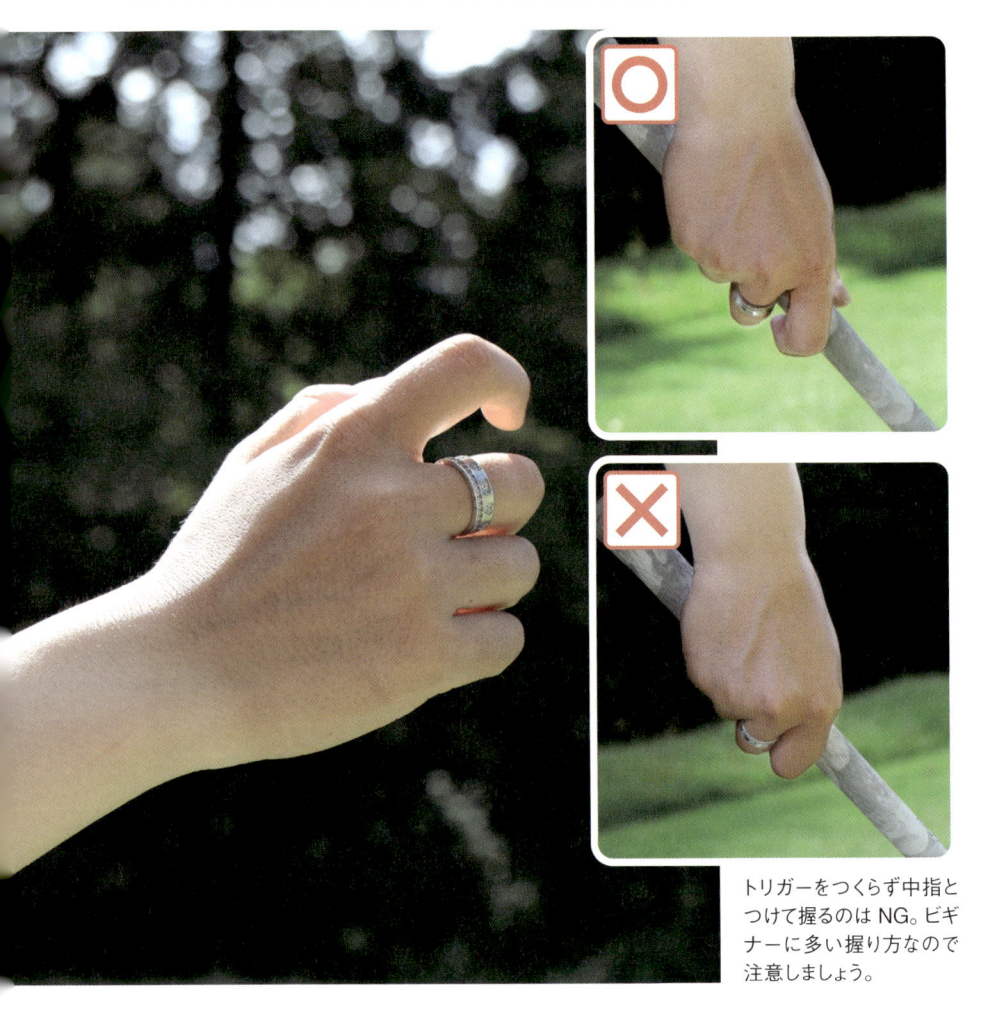

トリガーをつくらず中指とつけて握るのはNG。ビギナーに多い握り方なので注意しましょう。

トリガーがバックスイングのシャフトを受け止める

バックスイングで引き上げられたグリップを受け止めるのは、トリガーをつくった人差し指の腹になります。ここで受け止められないとヘッドが回りすぎてオーバースイングになりやすく、切り返しからのタメもできません。

トリガーのある切り返し

切り返しのときに人差し指の腹でグリップを受け止めることができます。これによりタメをつくりながらダウンスイングができ、ぶ厚いインパクトを生み出します。

トリガーのない切り返し

グリップ上に乗せた右手親指で受けています。これは左手首の背屈やオーバースイング、ダウンスイングでのアーリーリリースなど多くのミスの原因になります。

原因1 原因2 原因3 **原因4**

毎回握り方が変わってしまう

p23

この 意識で 解決

打つ前に毎回ワッグルを入れる

💡 **意識の置き所**

ワッグルとは、握りを微調整したりスイングイメージをつくるために打つ前に手首を上下や左右に動かすことです。毎スイングごとにワッグルを入れていつも同じ握りになっているかを意識的に確認しましょう。

ワッグルを入れるメリット

1

スイング始動のきっかけになる

まったくの静止状態からバックスイングするよりも小さく動いている状態からはじめられるので、動作がスムーズになります。

2

アドレスを微調整できる

傾斜やラフ、バンカーなど、ラウンドではボールのある状況は毎回変わりますが、握りや体重配分などを微調整でき、心地良いアドレスに整えることができます。

3

力みを抑制

静止状態でボールを注視していれば嫌でも力みやすくなってしまいますが、小刻みにカラダを動かしていればその心配もありません。

ワッグルの入れ方は人それぞれ

多くのプロゴルファーは何らかのワッグル動作を入れていますが、一般ゴルファーは静止状態からいきなりスイングをする人が多くいます。スイングの違和感を取り除き、普段どおりのスイングをするにはワッグルは欠かせません。

手首を横方向へ動かす

インパクト時の手首の動きをイメージをしながら左右へくり返し動かします。手首の硬さも取れます。

手首を上下に動かす

手首を縦に上下に動かします。動かす幅は人それぞれですが、これも手首や腕の力みがとれるでしょう。

足踏みをする

左右の足を交互に踏みます。股関節にしっかりと体重を乗せ、ポジションを安定させることができます。

ヘッド軌道をなぞる

ボールから腰の高さまでのヘッド軌道をなぞります。スイングイメージを出したいときに有効です。

 悩み ▶ # ラウンドに出るとアドレスに 違和感をおぼえる

これが 原因 **1**

カラダがラクな姿勢でアドレスしている

✕

わきが開く

ヒジが曲がる

✕

前傾がない

お尻が垂れる

ヒザが前に出る

❓ なぜ起こる

意識がボールに向かいアドレスが疎かになると、無意識のうちにカラダはラクな姿勢で立ってしまいます。しかしラクな姿勢はイコール正しいアドレスではありません。このタイプの人はアドレスを見直してみましょう。

解決法は**p38,40**へGO!

ラウンドに出るとボールをしっかり打とうと、意識が普段より一層ボールに向かうためアドレスが疎かになりがちです。落ち着いて正しくアドレスすることを意識しましょう。

これが原因 ▶ 2

練習時に人工芝を目安にアドレスしている

❓ なぜ起こる

練習場で人工芝の縁に平行に立つことが習慣になっていると、ラウンドで正しい向きで立てなくなります。このタイプの人はターゲットの見方やアドレスに向かうルーティンを見直してみましょう。

解決法は**p44,46**へGO!

これが原因 ▶ 3

ターゲットを見ながらアドレスしている

❓ なぜ起こる

ラウンド慣れしていないと、ターゲットに対してフェースではなくカラダを向けてしまいます。これは右へ飛ぶ原因になるので正しいターゲットの見方を身につけましょう。

解決法は**p44,46**へGO!

原因1 原因2 原因3

カラダがラクな姿勢でアドレスしている　　　**p36**

 この**意識**で解決 ラクをせず締めてアドレスをつくる

正しいアドレス姿勢

💡 **意識の置き所**

正しいアドレスは決してラクではありません。わきやお腹、内ももは筋肉を収縮させて締め、ひじや手首は脱力させましょう。

お腹を締め骨盤を前傾させてお尻をつり上げます。

ひざ頭を前に向け、両股関節に体重を乗せます。

母指球で踏ん張ります。

ワンポイントレッスン
ONE POINT LESSON

ボールを左目で見るメリットは多い

アドレス時にボールを左目で見ることで、カラダの開きや突っ込み、左わきの開きなどが抑えられます。ただし利き目が右の人が無理に左目で見ようとすると、力みやフォームの乱れにもつながるので無理することは避けましょう。

右肩が少し下がります。

左目でボールの右側を見ます。

右わきを締めて右腕を右胸の上に乗せます。

左わきを締めて左腕は左胸の上に乗せます。

内転筋を締めて骨盤を立たせます。

原因1 原因2 原因3

カラダがラクな姿勢でアドレスしている

p36

この意識で解決

正しいアドレスをつくる
ルーティンを身につける

💡 **意識の置き所**

毎回同じアドレスになるようにルーティンを身につけます。これを普段の練習から、面倒がらずに実践してクセづけることが大切です。

正面

1 お腹の前でグリップをつくり、下支えして指に重みを感じます。

2 左わきを締め股関節から上体を倒して前傾をつくります。

3 フェースをスパットに合わせ両足の中央にボールがくるように立ちます。

横

股関節に体重を乗せた感覚を得る

アドレスでは股関節で上半身の体重を受けることが大切です。そのため直立からお尻を下げずに股関節を折り、そのあとにひざを曲げるという順番でアドレスをつくりましょう。ひざを先に曲げるとお尻が下がり股関節に体重が乗りづらくなります。

4 揃えた両足から、まずは左足を1足分だけ左へ開きます。

5 次に右足を開きます。開く幅は番手によって変わります。

6 最後にワッグルを入れてバランスを整えたら完成です。

よくある間違ったアドレスと起こる現象を理解しておこう

 強い反り腰

背すじを伸ばす意識が強いと起こりやすく、ダウンスイングで上体が起き上がる原因になります。

 腕が突っ張る

手首とシャフトが一直線になっているとトゥダウンしやすく、それを避けるためにインパクトで手元が浮きやすくなります。

 お尻が下がる

前傾ができないので手元も浮きやすくトップが出ます。また太ももやお尻の筋肉が使えないので飛距離が出ません。

 右足体重が強い

アイアンでは最初から右足に乗りすぎているとバックスイングでのスウェーやダフリの原因になります。

ここでは一般ゴルファーに多いNGアドレスと起こる現象について解説します。練習場では問題なくても、ラウンドで無意識のうちに起こっていることもあるので注意しましょう。

 極端に手元を下げている

前傾が強くトゥが上がり過ぎていると、フェースが返りフックしたり、前傾が崩れてトップする原因になります。

 いかり肩になっている

肩甲骨が上がっているので、手でバックスイングをしやすくトップの位置も浅くなってしまいます。また手打ちにもなりやすいでしょう。

 頭が突っ込む

頭が左に突っ込んでいるとカラダの開きが早くなり、腕が振り遅れる状態となり、フェースが返らずスライスが出やすくなります。

 ひじが曲がる

アドレスでひじが曲がると、インパクトでひじが伸びたときにダフリやすくなります。また手打ちにもなりやすいでしょう。

原因1 **原因2** **原因3**

練習時に人工芝を目安にアドレスしている   **p37**

ターゲットを見ながらアドレスしている   **p37**

この意識で解決 ターゲットではなくスパットを見る

💡 **意識の置き所**

ラウンド時では、ターゲットを向いてかまえると右へ飛ぶことを理解して、正しい向きでかまえるルーティンをつくりましょう。

何も考えずにターゲットだけを見てかまえると、肩のラインはターゲットより右を向いてしまいます。このまま打てば当然ボールは右へ飛んでいきます。

フェースをスパットに合わせて立つと、肩のラインはターゲットよりも左を指します。「左を向き過ぎている」と不安になるかもしれませんが、これが正しい向きになります。

ワンポイントレッスン
ONE POINT LESSON

ボールのすぐ先に
スパットを見つける

ターゲットに正しくフェースを向けるには、ボールとターゲットを線で結び、その線上のできるだけボールに近い位置に枯れた芝などの目印を見つけます。その目印をスパットと呼びます。

正しい向きで立つためのルーティン

1

ボールの3mほど後方に立ち、ボールとターゲットを結ぶ仮想ラインをつくり、スパットを見つけます。

2

スパットから目を離さずに、ボールに対して回り込んで近づきます。

3

ボールの前に立ったらスパットにフェースを合わせてアドレスします。

原因1 **原因2** **原因3**

練習時に人工芝を目安にアドレスしている **p37**

ターゲットを見ながらアドレスしている **p37**

アドレスに入るための
ルーティンをつくる

💡 **意識の置き所**

スパットを見つけてからアドレスをとるためのルーティンをつくりましょう。パターンは主に２つなので、自分に合う方を取り入れてみましょう。

ルーティン① ボールの前でグリップするパターン

1 ボールから3mほど離れてターゲットとボールを結びます。

2 ターゲットとボールを結んだライン上にスパットを見つけます。

3 スパットから目を離さず右手でクラブを持ち、ボールに回り込みます。

ルーティン② グリップしてから移動するパターン

1 左わきを締めて、正しいグリップをつくり、その状態をキープします。

2 ボールから3mほど離れてターゲットとボールを結びます。

3 スパットを見つけ、そこから目を離さずボールに回り込みます。

ワンポイントレッスン
ONE POINT LESSON

ボールには回り込みながら向かう

スパットから目を離さなくてもボールに直線的に向かうと、肩のラインが右を向きやすくなるので、回り込む習慣をつけましょう。

右手でクラブを持ったままフェースをスパットに合わせます。

前傾姿勢をつくり、左足、右足の順で足を開きます。

最後にグリップを正しく握ったら完成です。

両足の中央にボールがくる位置でフェースをスパットに合わせます。

股関節から正しく前傾し、左足を1足分だけ左へ開きます。

右足をドライバーの幅だけ開いたら完成です。

47

スイングは運動連鎖ゆえ
ミスの原因はその動作以前にある

スイングを修正するとき、多くの人は直したい動作に目を向けがちです。しかしスイングは、アドレスからフォロースルーまでひとつながりでおこなう運動連鎖です。そのためスイング修正は、直したい動作以前の動作を見直す必要があります。そして多くの場合、原因動作を探っていくと、最終的にグリップの握り方やアドレスに辿り着くのです。

動作を遡ることでミスの原因が見えてくる

たとえば9割のアマチュアゴルファーが悩んでいるともいわれる「インパクト時の手元の浮き」の場合、「手元を下げよう」と意識しても、浮いてしまうことは多くのゴルファーが経験していることでしょう。つまり、「手元の浮き」の原因はインパクト以前の動作にあるのです。これがスイング修正が難しい理由のひとつです。

「インパクトの手元の浮き」を直すために、人によってはアドレス姿勢にまで戻らなければいけません。これは一例ですが、ミスショットの原因はこのように動作を遡って考える必要があるのです。

これを直したい！

| そもそもアドレスで前傾が足りない可能性あり | ◀ | 切り返しで側屈ができていない可能性あり | ◀ | アーリーリリースになっている可能性あり | ◀ | インパクト時の手元の浮き |

カメラを正しい位置と高さにセットする

自分のスイング動画を撮影するときは、カメラを正しい位置にセットする必要があります。わずかでもアングルがずれてしまうと、ヘッド軌道やカラダの動きを正確に捉えることはできません。打ちっぱなしでは基本的に飛球線後方からになりますが、この場合のカメラは手元が正面になる位置にセットし、高さは腰〜手元の高さに合わせます。ボールがカメラの正面になってしまうと、ドライバーなど長いクラブになると被写体を斜めから捉えることになり前傾維持などを正確に把握できません。

胸側から撮影する場合は、文字通りカラダの正面にカメラをセットし、高さは胸の高さが良いでしょう。また、どちらのアングルであれ、カメラをやや離し、人物を画面正面に収めることでレンズの歪みを最小限に抑えることができます。

飛球線後方から撮る場合

カメラ位置	手元の正面
カメラの高さ	腰の高さ

胸側から撮る場合

カメラ位置	カラダの正面
カメラの高さ	胸の高さ

PART 2

スイングづくりの悩み

正しいスイングをする上で、どのようにカラダを使えば良いのかわからないというゴルファーはとても多くいます。また、何となく自己流で続けた結果、悪いクセがついてしまったという人もいます。ここではスコア100前後の一般ゴルファーが陥りやすいスイングづくりの悩みについて解説します。

悩み ▶ バックスイングを背中側へ引いてしまう

これが原因 ▶ 1

目の錯覚を計算していない

自分は飛球線後方へ上げているつもりでも、真後ろから見るとインサイドへ引いています。

自分から見てやや外側に上げているくらいで、ちょうど飛球線後方になります。

解決法はp54へGO!

❓ なぜ起こる

アドレス位置からではボールを斜め上から見ることになるため、目の錯覚が生じヘッドを正確に飛球線後方へ引くことが難しく、インサイドに引いてしまうことがあります。これはドライバーのようにシャフトが長くなることで起こりやすくなります。

スイングはグリップとアドレス、バックスイングでほぼ決まります。一般ゴルファーは、バックスイングを背中側に引いてしまう人が多く、これがミスショットの原因になっています。

これが原因 ▶ 2
手でクラブを持ち上げている

❓ なぜ起こる

体幹の側屈動作（p86）ではなく、手の力でクラブを持ち上げると、すぐに右ひじが曲がり背中側にバックスイングしてしまいます。また同時に前傾姿勢も崩れます。

解決法は**p55**へGO!

これが原因 ▶ 3
右股関節に体重が乗っていない

❓ なぜ起こる

バックスイングでは、右足かかとを踏むことで右股関節に体重を乗せることが重要ですが、これができないとスウェーが起こり、背中側へ上がりやすくなります。

解決法は**p56**へGO!

原因1 原因2 原因3

目の錯覚を計算していない p52

この ドリルで 解決　ボールを真後ろへ押し出す

🔍 **ドリルの狙い**

ヘッドの後ろにもうひとつボールを置き、そのボールを後方へ押しのけながらバックスイングすることで、飛球線後方へ上げる感覚を養います。

1 ヘッドの後ろにもうひとつボールを置きます。

2 ヘッドを飛球線後方へ引いてボールを押し出します。

3 ボールを後ろへ押し出したら、その勢いのままバックスイングします。

4 ボールが真後ろに転がり、いつものトップができたら成功です。

手でクラブを持ち上げている　　　**p53**

この
ドリルで
解決

あらかじめ右手を
適切な位置にセットする

🔍 **ドリルの狙い**

右手を伸ばした状態で腰の高さにセットし、左わき腹を縮めながら左手を合わせます。これによって、側屈運動で正しくバックスイングする感覚が養われ、同時に右ひじが早期に曲がり背中側へ引いてしまう動作も抑制できます。

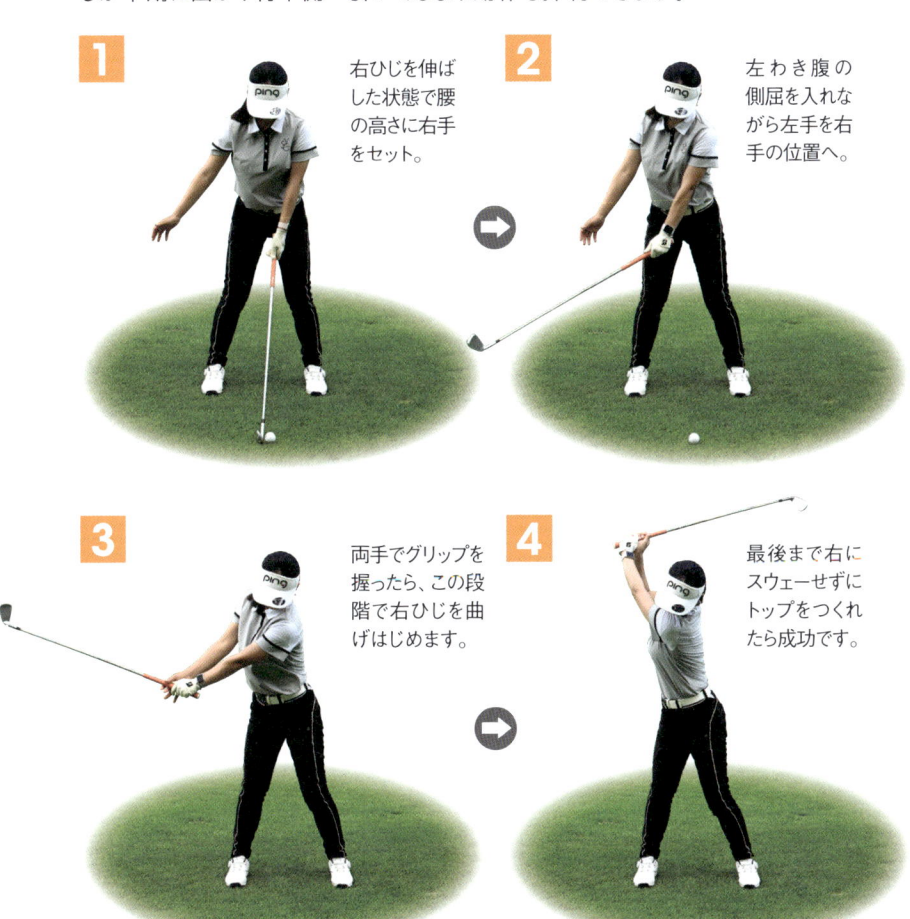

1 右ひじを伸ばした状態で腰の高さに右手をセット。

2 左わき腹の側屈を入れながら左手を右手の位置へ。

3 両手でグリップを握ったら、この段階で右ひじを曲げはじめます。

4 最後まで右にスウェーせずにトップをつくれたら成功です。

原因1 原因2 **原因3**

右股関節に体重が乗っていない

p53

バックスイング時は右足かかとを踏む

💡**意識の置き所**

右足かかとで踏みながらバックスイングすることを意識します。これによって、アドレス時に足裏全体にかかっていた荷重がかかと側に移り、自然と右股関節に体重を乗せることができます。

人によっては右ひざの角度をアドレス時から変えないという意識でも良いでしょう。これによってスイング軌道がより安定します。

ワンポイントレッスン
ONE POINT LESSON

バックスイング時の右お尻の張り

右お尻や太もも裏に張りを感じることができれば、正しく右足かかとに荷重できている証です。この筋肉の張りがスイングの力になります。

よくあるNG例①

右足かかとで踏めない

バックスイング時に右足かかとで踏めないと、上体が起き上がりそのまま左足に体重が移ってしまいます。これではオーバースイングになり振り遅れなどのミスが起こります。

よくあるNG例②

右ひざが横に流れる

バックスイング時に単純に右足へ荷重するだけでは、右ひざが横に流れやすくなります。これが「スウェー」です。しっかり右足かかとで踏むことを意識しましょう。

トップで腕が止まらずオーバースイングになる

悩み

これが原因 **1**

左手が強く働き背屈している

強いストロンググリップ

解決法はp60へGO!

❓ なぜ起こる

左手でグリップを必要以上に強く握り、グリップを上から押し出しながらバックスイングをすると、左手首が背屈したままトップまでいきオーバースイングになってしまいます。左手のストロンググリップが強い人も同様です。このタイプの人は指でクラブを下から支えながらバックスイングできるようになりましょう。

「オーバースイング」とは体幹がのけ反りヘッドが反対側へ大きく垂れてしまうことを指します。一般ゴルファーでは体幹や下半身の力が弱いと陥りやすく、振り遅れの原因にもなってしまいます。

これが原因 2

肩甲骨を下げてアドレスできていない

下制（肩甲骨を下げる）

外転（肩甲骨を開く）

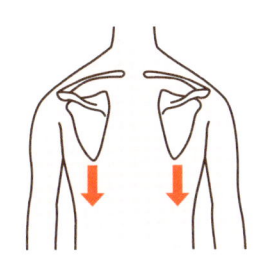

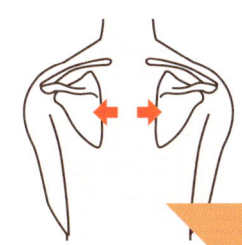

❓ なぜ起こる

アドレス時に肩甲骨に意識が向いておらず「外転」していると腕と胸郭の一体感が得られず、オーバースイングになりやすいです。このタイプの人は肩甲骨の「下制」動作を身につけましょう。

解決法はp61へGO!

これが原因 3

体幹が緩んでいる

❓ なぜ起こる

元々オーバースイング気味の人や肩甲骨が柔軟な人がお腹にまったく力を入れずにバックスイングすると、腰が反れて、さらにオーバースイングになります。このタイプの人はお腹に力を入れ腹圧を高める意識をもちましょう。

解決法はp61へGO!

原因1 | 原因2 | 原因3

左手が強く働き背屈している　　　　　　　　　　**p58**

このドリルで解決

指でクラブの重さを感じながら
バックスイング

🔍 **ドリルの狙い**

手の中でテコをつくり（p30）、指
の第二関節でクラブの重みを感じ
ながらバックスイングをおこないま
す。強く握ると指に重みを感じら
れなくなります。トップまで重みを
感じられたら自然と自分から見て
時計回りでクラブは下りてくるの
で、左手首が背屈しません。

手首が背屈すると重みを
感じられなくなります。

背中側へクラブヘッドを放る意識でバックスイングしても良いでしょう。

肩甲骨を下げてアドレスできていない `p59`

肩甲骨を下げてアドレスする

💡 意識の置き所

アドレス時に肩甲骨を下げる「下制」を意識します。すると胸が張りわきが締まるので、胸郭と腕の一体感が得られ、手ではなく胸郭の回転でバックスイングできるようになり、オーバースイングを防げます。

体幹が緩んでいる `p59`

アドレス時からお腹に力を入れる

💡 意識の置き所

アドレスをつくるときに、お腹に手を当てるなどして腹圧を高めることを意識します。そしてその腹圧が緩まらない高さでバックスイングを止めることでオーバースイングが抑えられます。

 **悩み** ▶

切り返しで
下半身リードができない

これが原因 **1**

「トップ」に達したら
切り返しと思い込んでいる

❓ **なぜ起こる**

「バックスイング」、「トップ」のあとに体重移動という順で考えていると、手元が一番高いところへ上がってから、左足へ体重を移してしまいます。すると体重移動と同時に腕が下がります。これでは捻転ができません。このタイプの人は体重移動のタイミングを見直しましょう。

「下半身リード」とはバックスイングからダウンスイングへの切り返しを下半身からスタートさせることを指します。これができず手から下ろすとスライスなどが起こりやすくなります。

これが原因 2

バックスイングで左ひざが大きく内側へ入っている

❓ なぜ起こる

バックスイングを高く上げようと意識していると起こりやすいです。左ひざが内側に入ると下半身リードが遅れて手も下がりやすくなります。このタイプの人はチューブで改善しましょう。

解決法はp68,70へGO!

これが原因 3

バックスイングで左足へ体重が移っている

❓ なぜ起こる

バックスイングで左足へ体重が移ってしまうと切り返しで右足に体重が戻りやすくなります。ラウンドでトップが出やすい人はこの傾向があります。このタイプの人はしっかりと右足へ乗せる感覚を身につけましょう。

解決法はp68〜70へGO!

原因1 原因2 原因3

「トップ」に達したら切り返しと思い込んでいる p62

この意識で解決 バックスイング後期で体重移動をはじめる

💡 意識の置き所

正しい切り返しのタイミングはバックスイング後期です。このタイミングでなければ下半身リードはできないのでしっかり身につけましょう。

1 バックスイング前期。飛球線後方へ引きながら右足の股関節に体重を乗せていきます。

2 バックスイング中期。コックを入れながらクラブを上げます。人によってはここで体重移動がはじまります。

3 バックスイング後期。遅くてもここで左足へ体重が移りはじめます。ただし肩は開きません。

ここで行う！

ワンポイントレッスン
ONE POINT LESSON

早めの切り返しで体幹が捻られる

手元が上がっている最中に左足へ体重移動をして切り返すことで、体幹の捻れが最大になります。これがスイングの力になります。

4 手元が一番高く上がったタイミングで左足に移しては遅いので気をつけましょう。

5 体重移動によって左右の足に5：5で乗っていますが、肩はまだ開いていません。

6 先行した下半身に追いつくように肩が回り手元が下りてきます。

ここでは遅い！ ✕

原因1 原因2 原因3

「トップ」に達したら切り返しと思い込んでいる p62

このドリルで解決 「イチ、二」で腕を上下、「サン」の直前で踏み込む

🔍 **ドリルの狙い**

「イチ、二」は手元をカラダの右で上下させ、「サン」の直前で体重移動をして左足で手元を引っ張り下ろす意識でスイングすることで下半身リードを体感します。

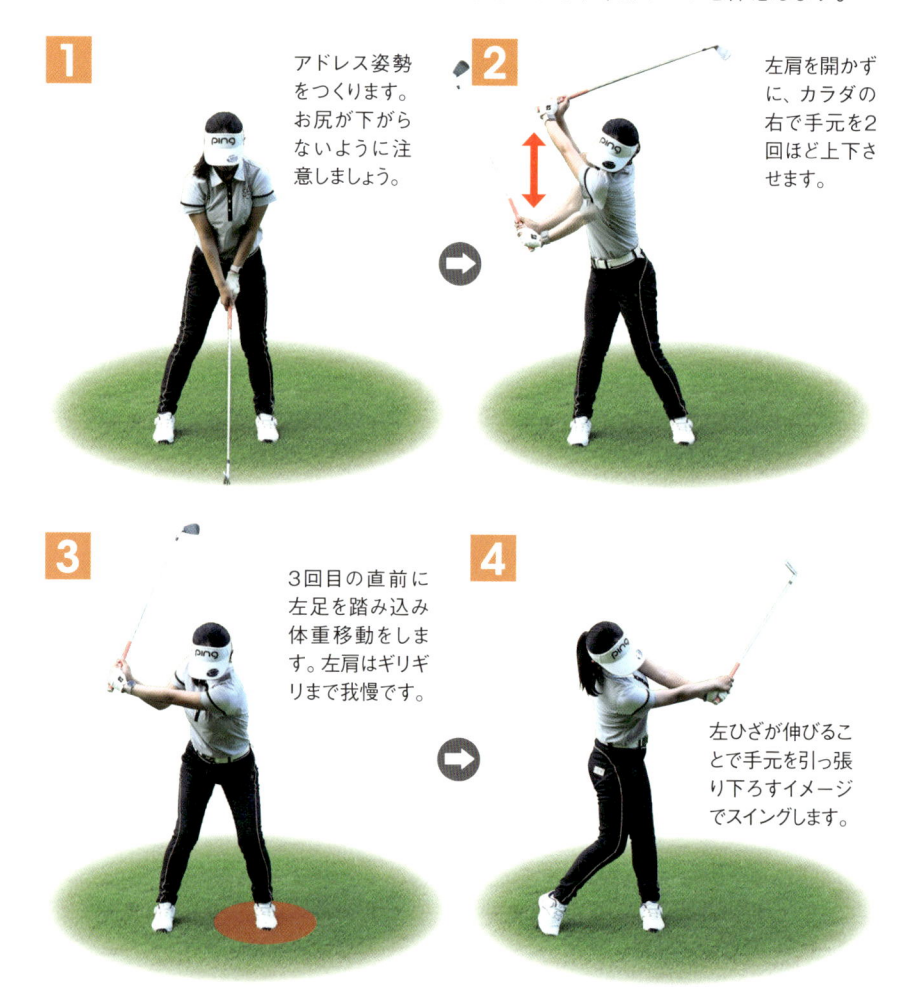

1 アドレス姿勢をつくります。お尻が下がらないように注意しましょう。

2 左肩を開かずに、カラダの右で手元を2回ほど上下させます。

3 3回目の直前に左足を踏み込み体重移動をします。左肩はギリギリまで我慢です。

4 左ひざが伸びることで手元を引っ張り下ろすイメージでスイングします。

「トップ」に達したら切り返しと思い込んでいる　　p62

この**ドリルで**解決

連続素振りで強く振れる
タイミングをつかむ

🔍 **ドリルの狙い**

左右に途切れることなく連続で素振りします。下半身をどのタイミングで踏み込むと
ヘッドが走るのか、自分なりに探してみましょう。

1　アドレス姿勢から
左にヘッドを振り、
バックスイングの勢
いをつけます。

2　ヘッドの重みを感じ
ながらクラブを引き
上げ、左足へ体重
を移しはじめます。

3　左足を踏み込みク
ラブを下ろしてい
きます。左肩は開
かないように我慢
します。

4　振り切ったら再
び**2**のトップに
戻り連続してお
こないます。

原因1 **原因2** 原因3

バックスイングで左ひざが大きく内側へ入っている　**p63**

ひざにチューブを巻いてスイング

🔍 **ドリルの狙い**

ひざにチューブを巻くことで、バックスイングで左ひざが内側に入るとチューブが緩んでしまいます。チューブを張ったままスイングすることを目指しましょう。

原因1 原因2 **原因3**

バックスイングで左足へ体重が移っている　**p63**

3球ならべたボールを歩きながら打つ

🔍 **ドリルの狙い**

右足を踏んでバックスイング、左足を踏んでダウンスイングというタイミングで前に歩きながら3球続けてスイングします。歩くことで体重移動が強調されるので、それに腕の振りを合わせる感覚が養われます。

バックスイングで左足へ体重が移っている

 この**意識**で解決

骨盤を前後に動かし
かかとに体重を乗せる

💡 **意識の置き所**

骨盤は回すのではなく、前後に動かすことを意識します。これによってバックスイングでは右足かかとに体重をしっかりと乗せることができます。

 **骨盤を前後させる**

 **骨盤を回転させる**

バックスイングで右の骨盤を後ろに引くと、右股関節は内旋します。これによりしっかりと右かかとへ体重を乗せられます。

バックスイングで骨盤を回そうとすると、右股関節は外旋するので、右へスウェーしたり、逆に左足に体重が乗るまで回ってしまいます。

69

原因1 原因2 原因3

「トップ」に達したら切り返しと思い込んでいる　**p62**

バックスイングで左ひざが大きく内側へ入っている　**p63**

バックスイングで左足へ体重が移っている　**p63**

 ## 自分に合った 切り返しの初動を見つける

💡 **意識の置き所**

切り返しの初動でどこを意識するかは人それぞれです。下記はその代表的なものなので、わずかな差ですが練習場で実際に試して、自分に合うものを見つけましょう。

例1

左足を踏み込む

左足を踏むことを切り返しの初動とします。最も一般的なので、まずはこれを試してみると良いでしょう。

例2

左ひざを外に開く
（膝関節外旋）

左ひざを外に開きます。例1よりも左足へ体重が移しやすく感じる人もいると思います。

切り返し時に肩は開かない

切り返しで左足へ体重を少しずつ移動させます
が、このとき左肩は絶対に開いてはいけません。
ここで肩が開くとアウトサイドからクラブが下り
てミスショットになります。

例3

左足かかと方向に
お尻を落とす

胸が右斜め前を向いた
状態のままイスに座るよ
うに、左足かかと方向へ
お尻を落とします。肩を
開きやすい人におすすめ
です。

例4

右股関節を折る

右ひざを曲げ、右股関節
を折る動作を初動とし、そ
こから一気に左骨盤を引
いていきます。上級者向
けですが前傾も保てるよ
うになります。

下半身リードの落とし穴！
体重移動は意識し過ぎないこと

 **下半身リードはわずかに左足へ移る程度**
➡ **骨盤の回転軸は右に残る**

スイング時の回転軸は体重が乗っている方の足になるので、右足に多く乗っていれば右骨盤が軸となり、自然と左骨盤を引くことができます。

回転軸を右に保ちながら
左足に体重移動

左骨盤を引きながら
ダウンスイング

左骨盤を引ければ
前傾がキープできる

切り返し時に「下半身リード」を意識し過ぎると、左足に体重が移りすぎてしまいます。この過剰な体重移動はミスショットの原因になります。下半身リードはしますが、切り返し時には右足に体重の多くが残っており、ダウンスイングによって左足へ移っていくという意識をもちましょう。

 **下半身リードで左足へ体重を移し過ぎる**
⊖ 骨盤の回転軸も左に移る

体重移動をし過ぎると回転軸も左足になります。すると左骨盤を引けず右骨盤が前に出てしまい手元の浮きや上体の起き上がりが起こります。

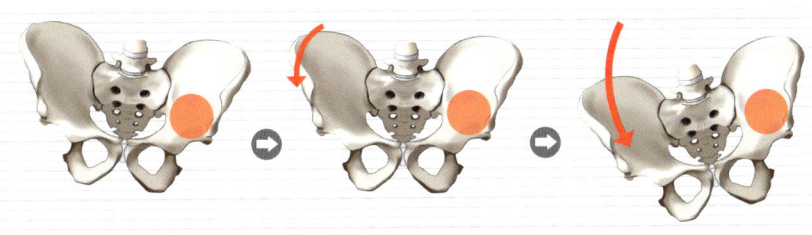

体重移動のし過ぎで回転軸が左に移る	右骨盤が前に出ながらダウンスイング	右骨盤が前に出て上体が起きる

悩み ▶ 切り返しでどうやっても 手元が自然に下がらない

これが原因 ▶ 1

クラブを自分から見て 反時計回りに動かしている

❌

解決法はp76へGO!

？ なぜ起こる

バックスイングを背中側に引いてしまうと、グリップを自分から見て反時計回りに動かしてアウトサイドイン軌道でダウンスイングしてしまいます。このタイプの人は手元を時計回りに動かすことを意識しましょう。

切り返し時に手元が背中側で自然落下する動きがつかめないゴルファーはとても多くいます。手元が下がらないとさまざまなミスショットにつながるのでしっかり身につけましょう。

これが原因 ▶ 2
切り返しで右手の親指が強く働いている

? なぜ起こる

右手の親指をグリップの真上に乗せて握っていると、切り返しで親指に力が入り手元が下がりません。グリップの親指位置が擦り減っている人は要注意です。

解決法はp78へGO!

これが原因 ▶ 3
左足へ一気に体重移動している

? なぜ起こる

切り返しで一気に左足へ体重移動すると、上体が突っ込んでしまいます。これでは体幹に捻転ができないので手元は自然に下がりません。

解決法はp79へGO!

原因1 原因2 原因3

クラブを自分から見て反時計回りに動かしている　p74

この意識で解決

アウトに上げてインから下ろす

💡 **意識の置き所**

アドレス時にボールと右ひじを結んだ直線の上側を「アウトサイド」、直線の下側を「インサイド」とすると、バックスイングではヘッドをアウトサイドに通し、ダウンスイングではインサイドに通すことを意識します。

アウトサイド

バックスイングではヘッドが
アウトサイドを通ります。

インサイド

ダウンスイングでは
ヘッドがインサイド
を通ります。

カラダの右で時計回りに動かす

🔍 ドリルの狙い

手元を時計回り（アウトから上げてインから下ろす）に動かす感覚を養います。最初は素振りで、慣れてきたら実際に打ってみましょう。ポイントは常に右ひじが体側より前にあることをキープすることです。

1 いつものように正しくルーティンをおこなってアドレスをつくります。

2 クラブを肩の高さまで上げたら手元を自分から見て時計回りに2〜3回転させます。

3 左足に荷重したタイミングでクラブが時計回りに回り背中側へ下ります。

4 背中側から時計回りにきた流れでダウンスイングからインパクトします。

原因1　**原因2**　原因3

切り返しで右手の親指が強く働いている　**p75**

この意識で解決 右手の人差し指の腹で グリップを受ける

💡 **意識の置き所**

下半身を踏み込み手元が背中側へ回ってきたら、右手の人差し指の腹でグリップを受けます。これを実行するには正しくグリップを握ることが不可欠になります。

右手の人差し指の腹でグリップを受けています。これができるとダウンスイングがインサイドから下ろしやすくなります。

右手の親指でグリップを受けると、グリップを押し返してしまい、アーリーリリースが起こりやすくなります。

左足へ一気に体重移動している　**p75**

この**意識**で解決　# 手元を残して下半身リード

💡 意識の置き所

手元を上に残したまま下半身リードで左足を踏んでいきます。これによって体幹が捻転して自然と手元が左足に引っ張られるようにして落下していきます。

ワンポイント
レッスン
ONE POINT LESSON

ラウンドに出ると
捻転が浅くなる

ラウンド慣れしていないと緊張などからバックスイングが小さくなりがちです。すると肩が回らず体幹の捻転も浅くなり、手元が下がりません。そのため自らの力で振り下ろすことになり、普段出ないようなミスが起こるのです。

悩み ▶ インパクトで上体が起き上がり 手元が浮いてしまう

これが原因 ▶ **1**

手元を浮かせないとダフると脳が錯覚している

？ なぜ起こる

人は目から多くの情報を得ています。スイング中にボールを見て得た情報から脳が手元を浮かせないとダフると錯覚し、自然に上体が起き上がり手元が浮いてしまうのです。このタイプの人は前傾をキープしたまま素振りをくり返し、起き上がらなくてもダフらないことを脳に覚え込ませましょう。

解決法は**p83**へGO!

これが原因 ▶ **2**

フェースをボールに当てようとする意識が強い

？ なぜ起こる

簡潔に言えばゴルフに対する不慣れさが原因です。フェースを小さなボールに当てることに不安があり、無意識のうちにフェースをボールに少しでも早く近づけようと手首の角度を解きアーリーリリースになっています。もしボールが大太鼓のように大きければ、当たらない不安を抱かないのでアーリーリリースは起きません。

解決法は**p84,85**へGO!

多くの一般ゴルファーが陥るインパクト時の起き上がり。これはアーリーリリースもセットで起こることがほとんどですが、突き詰めると原因はメンタルにあるため直すのには時間がかかります。

これが原因 ▶ **3**

ダウンスイングで腰が止まり左肩が上がる

上がる

回る

解決法は**p84,85**へGO!

❓ なぜ起こる

メンタルではなく技術的な面から言えば、ダウンスイングで腰が止まり左肩が真上に上がってしまう人はアーリーリリースになり上体が起き上がります。これは腕の振りが体幹の回転よりも強いと起こりやすいです。このタイプの人は側屈でスイングする意識をもつと良いでしょう。

アーリーリリースからダフリや トップが起こるNGスイング

切り返し寸前の瞬間。左右の肩が縦関係になり体幹がしっかりと捻転されています。

切り返しの初動で肩が回転してしまい、高い位置で手首のコックが解けてアーリーリリースが発生。

手首の角度がますます鈍角になり、手元が腰より高い位置でシャフトが地面と平行になってしまいました。

ヘッドのトゥ側が垂れ下がります（トゥダウン）。このままインパクトするとダフります。

ダフることを本能で感じ取ると、無意識のうちに手元が浮きます。するとボールの上に当たるトップや空振りが起こります。

手元を浮かせないとダフると脳が錯覚している　　**p80**

このドリルで解決

股関節の角度を変えずに素振り

🔍 **ドリルの狙い**

アドレスからフォロースルーまで股関節の角度を変えないことを意識して素振りします。実際にボールを打つとフォームが崩れやすいので、まずは素振りで脳にカラダの動きを覚え込ませます。慣れてきたら連続素振りでおこない、さらに脳を上書きしていきましょう。

1 いつものルーティンをおこなったうえでアドレスをつくります。

2 股関節の角度を変えなければ前傾姿勢が崩れることもありません。

3 素振りをゆっくりおこなえばインパクトでも手元が上がりません。

4 前傾が崩れなければフォロースルーでは視界が斜めになっています。

原因1 **原因2** **原因3**

フェースをボールに当てようとする意識が強い　　`p80`

ダウンスイングで腰が止まり左肩が上がる　　`p81`

この**意識**で解決　わき腹を縮ませてスイングする

💡 **意識の置き所**

手で当てにいく意識がある限りアーリーリリースは直りません。手ではなく側屈を意識してスイングします（p86）。バックスイングでは左わき腹が縮み、ダウンスイングでは右わき腹が縮むことで前傾を保ったままスイングできます。

1 手の中でテコを感じながら正しく握り、アドレスを取ります。

2 手で上げずに、左わき腹を縮めながらバックスイングします。

3 手で下ろさずに、右わき腹を縮めながらダウンスイングします。

4 正しく側屈が入ると、左肩は真上ではなく後ろに回り前傾姿勢を保てます。

フェースをボールに当てようとする意識が強い **p80**

ダウンスイングで腰が止まり左肩が上がる **p81**

 **この ドリルで 解決**

クラブを杖にして わき腹の動きにフォーカス

🔍 **ドリルの狙い**

わき腹を縮ませる動きに意識を向けるために、ドライバーを杖のようにして左手を置きます。この体勢で左右のわきを縮ませて右手で素振りをします。わき腹が縮むことで前傾姿勢が維持されるので上体が起き上がりません。

 **ワンポイント レッスン**
ONE POINT LESSON

世界が斜めに見えているか？

ダウンスイングで正しく側屈が入ると、フォロースルーでも前傾が保たれ視界が斜めになります。もし、フォローで視界が水平であればそれは起き上がってしまったサインです。

スイングづくりの悩み⑤

▼インパクトで上体が起き上がり手元が浮いてしまう

この側屈が
問題を
解決します！

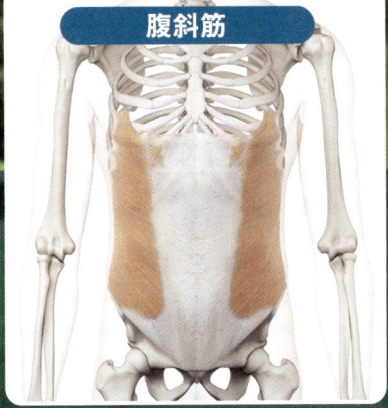
腹斜筋

側屈とは？

「サイドベント」とも呼びますが、体側部にある「腹斜筋」を縮ませる動きを指します。ゴルフでは、バックスイングで左わき腹、ダウンスイングで右わき腹を縮ませます。

なぜ、側屈をするのか？

スイングは背骨を軸とした回転動作です。これはゴルフや野球、テニスでも同じです。しかしゴルフはほかの競技と違い、地面にあるボールを打つため、背骨の軸が前傾します。その前傾角度を保ったまま回転すると、自然と下側の肩と骨盤の距離が近くなります。これが側屈です。もし側屈せずに上体を回転したら前傾角度を保てません。

バックスイングでは左わき腹に側屈が入ります。

ダウンスイングでは右わき腹に側屈が入ります。

正しい側屈にキツさを感じる人も

スイング時の側屈をかんたんに体感する方法があります。これをすると、片側のわき腹に側屈が入り、同時に逆側のわき腹がストレッチされるので「キツい」と感じる人もいるでしょう。しかしこれがスイング時の正しい側屈になります。

バックスイング時の左側屈を体感

腕を伸ばして骨盤の水平を保持したまま上体を左に倒して左わき腹を側屈させます。

その姿勢のまま右足かかとで踏みながら上体を回転させると、側屈が入ったバックスイング姿勢になります。

ダウンスイング時の右側屈を体感

腕を伸ばして骨盤の水平を保持したまま上体を右に倒して右わき腹を側屈させます。

その姿勢のまま左足かかとで踏みながら上体を回転させると、側屈が入ったフォロースルーの姿勢になります。

側屈ありとなしのスイング比較

側屈を入れたスイング

バックスイングで左わき腹が縮むことで上体が起きずに左肩が入り捻転ができ、切り返しで右わき腹が縮むことで上体が起き上がりません。

側屈のないスイング

バックスイングで左わき腹が伸びると上体が起き上がり、切り返しで右わき腹が伸びるとクラブが外から入ってしまいます。

側屈動作ができると改善されるミスは？

**バックスイング時の
起き上がり**

**インパクト時の
手元の浮き**

**捻転差のない
スイング**

アーリーリリース

**アウトサイドイン
軌道**

スイング時の前傾姿勢を保てるようになるので、一番は「上体の起き上がり」や「手元の浮き」、「アーリーリリース」が改善されます。次に、バックスイングでしっかりと左肩が入るので「捻転差ができない」、「飛距離が出ない」という問題も改善されます。さらに手で下ろすのではなく右側屈でダウンスイングをするので、「アウトサイドイン軌道」も改善されます。つまり、一般ゴルファーが抱える悩みの多くが改善されるのです。

側屈を意識しすぎて起こるミスは？

ミス① 左足荷重のまま バックスイング

バックスイングで左側屈だけを強く意識すると、左足に体重が残りやすくなります。しっかりと右足かかとに荷重しながら左側屈を入れましょう。

ミス② 左肩が極端に上がった インパクト

ダウンスイングで右側屈を強く意識した結果、腰の回転が止まってしまうとインパクトで左肩が真上に上がります。これでは手元が浮くので、腰の回転は止めずに側屈を入れましょう。

"結果として"側屈ができれば良いという考えもある

1秒足らずで完結されるゴルフスイングで、人が意識できることは限られます。プロゴルファーの中には側屈を意識してスイングする人もいれば、まったく意識しない人も多くいます。後者のある人は、「切り返しから下半身リードで捻転を意識することで側屈は自然にできる」と言います。側屈に限らず、意識することで動作が過剰になりフォームを崩すことはよくあるので、自分に合う意識の置き所を見つけることが大切です。

スイングを10局面で分析①
―P1,P2の主な評価―

撮影したスイング動画を見るときのひとつの指標として「Pシステム」というものがあります。これはスイングを10の局面にわけて、各局面におけるフォームを評価するというものです。p49でも言及しているとおりゴルフスイングは運動連鎖なので、ミスの原因はその動作以前の動作にあることがほとんどです。10の局面にわけることで、ミスショットの原因がどこにあるのかが解明しやすくなります。ここではP1とP2における主な評価ポイントを紹介します。残りの局面のポイントは次以降のコラムで解説します。

P1　アドレス

☑ 再現性を重視して、自分が理想とするアドレスをつくれているか。

☑ お尻が下がり、上体が起きていないか。

☑ 右肩が前に出ていないか。

P2　シャフトが地面と概ね平行

☑ クラブを飛球線後方へ引けているか。

☑ ヘッドの角度が前傾姿勢とほぼ平行になっているか。

☑ スウェーしないように右足で踏ん張れているか。

飛球方向の悩み

ゴルフをはじめた人が最初にぶつかる大きな壁がスライスでしょう。とくにドライバーのスライスは誰もが経験するやっかいな悩みです。ここでは「打ち出しから右」、「飛び出したあとに右」、「右が減ったら左が増えた」というように、多くのゴルファーに訪れる悩みの順に3段階にわけて解説します。

悩み ▶ ドライバーだけ打ち出しから右へ飛び出す

これが 原因 ▶ 1

左手がウィークグリップになっている

? なぜ起こる

グリップを横から摑むのは自然な動作ともいえますが、この握りでは手首を自身の意志で返さないとフェースが開いたままになるためスライサーには不向きです。

解決法はp96へGO!

これが 原因 ▶ 2

トップで左手が背屈している

? なぜ起こる

左手でグリップを強く握りすぎていたり、バックスイング時に腕を正しく使えないと左手が甲側へ折れ、フェースが開いてしまいます。このタイプの人は正しい左手首の角度や腕の使い方を身につけましょう。

解決法はp97,98へGO!

打った瞬間からボールが右に飛び出すのはインパクト時にフェースが開いていることが原因です（p10）。フェースはバックスイングで多少開くので、インパクトまでに返すことが大切になります。

これが原因 3

体重移動が大きく頭まで左に突っ込む

✕

？ なぜ起こる

飛ばしたい気持ちが強いと左足への踏み込みが大きくなり、頭が左に動きやすくなります。しかしこれでは腕が振り遅れてフェースが開いたままインパクトします。このタイプの人はカラダの右側で振る意識をもちましょう。

解決法は**p99,100**へGO!

これが原因 4

左手でグリップを引っ張り下ろしている

✕

？ なぜ起こる

「右手は脱力」という意識でいると、終始左手でスイングすることになります。左前腕をうまく回せる人であれば良いですが、左手でグリップを引っ張り下ろすだけでは、左わきが開きフェースが返ってきません。

解決法は**p102,103**へGO!

95

原因1 原因2 原因3 原因4

左手がウィークグリップになっている

p94

この**意識**で解決 # 毎回、意識して ## ストンググリップで握る

💡 **意識の置き所**

アドレスの度に意識してナックルが3つ見える程度のストロンググリップで握りましょう。ストロンググリップはフェースが開きづらいのでスライス防止になります。ただしナックルが4つ見えるほどになると、**原因2** の手首の背屈が起こりやすくなるので注意しましょう。

✕

スライサーは親指の位置をとくに意識する

ストロンググリップであっても、親指の位置がグリップの左側（自分から見て）だとインパクトの瞬間にボールに負けてフェースが開く可能性があります。正しい位置はグリップ上より右側なので、親指が赤い線を越えないように握りましょう（p25）。

トップで左手が背屈している

p94

▼ドライバーだけ打ち出しから右へ飛び出す

この**意識**で解決

切り返しで左手首はまっすぐ

左手首は直線(または掌屈)、右ひじは下を向くのが理想です。

左手首が甲側へ折れ、右わきが開いて右ひじが横を向いています。これではフェースが返らずスライスします。

💡 意識の置き所

切り返し時の左手首の角度はとても重要です。スライスしないためには左手首がまっすぐか、やや掌屈（手のひら側に折れる）を意識しましょう。

この**ドリル**で解決

ヘッドカバーを右わきに挟む

ヘッドカバー

🔍 ドリルの狙い

左手首がトップで背屈する人は、必要以上に腕を上げて右ひじが横を向く傾向があります。そのため右わきに挟んだヘッドカバーが落ちない程度に腕を上げるのを抑え、右ひじを下に向けたままバックスイングする感覚を身につけましょう。

原因1 **原因2** 原因3 原因4

トップで左手が背屈している p94

この**意識で**解決

カダダの回転後に腕を回し上げる

💡 **意識の置き所**

バックスイングはカラダの回転だけでも腕の力だけでもダメです。カラダの回転が止まってから腕を回し上げるという2段階でおこなうことを意識しましょう。

⭕

カラダの回転を止めてから腕を上げます。ここで腕を背中側に回しながら上げると左手首が自然に掌屈していきます。

❌

最後までカラダの回転だけでバックスイングすると左手首が甲側へ折れやすくなります。

体重移動が大きく頭まで左に突っ込む p95

この**意識**で解決

右足の前に振り下ろす意識でスイング

ボールに向かって振り下ろすと、カラダ全体が左へ流れてしまいます。これでは上から打ち込みスライス回転がかかります。

💡 **意識の置き所**

最下点を右足の前にする意識でダウンスイングをします。ボールではなく右足前に振り下ろすことで頭の突っ込みが抑えられます。

ドライバーは右足前が最下点の意識で打ち、そこからクラブを引っ張り上げてアッパーブローで当てます。

この**応急処置**で解決

ボールではなく右足前を見る

🔧 **処置のやり方**

ボールだけを注視すると、そこに向かって振り下ろしやすくなります。右足前に視線を向けてボールは「何となく視界にある」程度で振ると、右足前に振り下ろしやすくなります。

原因1 原因2 **原因3** 原因4

体重移動が大きく頭まで左に突っ込む p95

この**意識**で解決

斜めの軸と頭の位置を崩さずにスイング

💡 **意識の置き所**

斜めのスイング軸と頭の位置を保ったままスイングすることを意識します。ダウンスイングで左足を踏み込みますが、頭はインパクトで右へ動くくらいの意識でも良いでしょう。

ドライバーはアッパーブローで打つためボールは左足かかとの前あたりに置き、背骨でつくるスイング軸は右に傾斜します。そのため頭もやや右側へ傾きます。この背骨の傾斜と頭の位置を保ったままスイングするのが理想です。

ワンポイント レッスン
ONE POINT LESSON

頭は右に残して引っ張り合う

切り返しから右手で押し込んでいくときに、頭を右足の上に残しておくことで加速したヘッドと頭で引っ張り合うような関係になります。軸を保って打つためには大切な動作です。

切り返しで下半身リードをしても、頭が右に残ることでアドレス時のスイング軸が保たれます。ここで頭も左に動くと、腕が振り遅れてしまいスライスの原因になります。

101

原因1 原因2 原因3 **原因4**

左手でグリップを引っ張り下ろしている **p95**

左手よりも右手を積極的に使いボールを押し込む

💡 **意識の置き所**

切り返しで右手人差し指でグリップを受けたら（p33）、そこからは右手を使ってヘッドを押し込む意識をもちます。右ひじがお腹の前を通り腕をリードしていき、最後まで押し込みましょう。

右手のひらとフェースは一致する

右手のひらの向きはフェースの向きと一致します。ボールをまっすぐ飛ばすにはインパクトで右手のひらが前を向いている必要がありますが、左手だけで引っ張るスイングをすると、右手のひらが上を向きスライスしやすくなります。右手はチョップではなく平手打ちのイメージです。

左手でグリップを引っ張り下ろしている ▏p95▕

この**ドリルで**解決

ヘッドカバーを左わきに挟む

🔍 ドリルの狙い

左わきにヘッドカバーを挟むことで、より強く左前腕の回外（外向きに回す）を意識づけできます。インパクト後は落ちてもかまいません。

ヘッドカバー

左ひじを下に向ける意識でも良い

右手を意識することが苦手な人は、左ひじが下を向くように左前腕を外に回して（回外）インパクトすることを意識しましょう。左わきの開きが抑えられます。

悩み ▶ 飛び出したあとに 右へ大きく曲がる

これが原因 ▶ 1
右肩が前に出ている

❓ なぜ起こる

左足の前に置いたボールをカラダの正面で見ようとすると、無意識のうちに胸がボールを向き右肩が前に出たアドレスになってしまいます。このタイプの人はアドレスのつくり方を見直しましょう。

解決法はp106へGO!

これが原因 ▶ 2
背中側へバックスイングしている

❓ なぜ起こる

ドライバーでも背中側へ上げることで、そこから自分から見て反時計回りをしてアウトから下ろすか、強引にインサイドから出して右腰が前に出てスライスするという人がとても多いです。

解決法はp108へGO!

飛び出したあとに右へ大きく曲がっていくのはフェースの向きに対して
アウトサイドイン軌道になっていることが原因です（p11）。切り返しから
手元が自然に下がらないと起こりやすい現象です。

これが原因 3
手元がボールに直線的に向かっている

❓ **なぜ起こる**

「当てたい」という思いが強く働くと、無意識のうちに手元がボールに向かい、切り返しで真っ先にカラダが開いてしまいます。このタイプの人は下半身リードと腕の動きを連動させるドリルを試してみましょう。

解決法は**p110**へGO!

原因1 原因2 原因3

右肩が前に出ている p104

 **この意識で解決**

毎回まっすぐかまえる
ルーティンをおこなう

💡 **意識の置き所**

無意識にヘッドを下ろすとボールに向かい右肩が出やすいので、ヘッドをまっすぐ下ろすルーティンをおこないます。

胸の前でグリップを正しく握りシャフトをまっすぐ立てます。

そのままヘッドを真下に下ろせば、右肩が前に出ることはありません。

ヘッドをボールに近づけると胸がボールを向き右肩が前に出ます。

フェースを立てず座りが良い向きで置く

意識の置き所

近年のドライバーは地面に置いたときにフェースがやや開いているものが多いですが、それを嫌がりフェースを立てて無理にスクエアにすると右肩が前に出ます。座りが良い置き方をしたときの向きが正解なので、無理に立てないようにしましょう。

フェースが見える

フェースを被せる

ワンポイントレッスン
ONE POINT LESSON

飛球線後方からのアドレスをチェック

後方から見ると右腕が左腕と同じか、やや下がって見えるとよいでしょう。右腕が高い人は右肩が前に出ている可能性があります。

原因1 **原因2** 原因3

背中側へバックスイングしている

p104

この意識で解決

手元が腰の高さに上がるまで 右ひじは伸ばす

💡 **意識の置き所**

手元が右足を越えるまではまっすぐ飛球線後方へ引き、そこから腰の高さに上がるまで右ひじを伸ばしておく意識をもちましょう。右ひじが伸びている限り背中側へ上がることはありません。

スウェーする人も 背中側へ上げやすい

バックスイングで右側へカラダが流れる人（スウェー）も背中側に上がりアウトから下ろしてしまう傾向があります。バックスイングでは右足母指球で地面をつかみ、右脚を内側へ捻り1mmも右にずらさないという意識をもちましょう。

ヘッドを背中側に上げると起こるミスショット

右ひじを
すぐに曲げて
バックスイングし、
ヘッドを背中側へ
上げてしまうと…

背中側に回ったヘッドを流れのままに振り下ろすと、自分から見て反時計回りに動きます。つまりアウトサイドから下りるためスライスします。

そのままインサイドから強引にクラブを出すと、腰が回らず右腰が前に出ます。すると手元が浮くのでトップやスライスが出ます。

109

原因1 原因2 **原因3**

手元がボールに直線的に向かっている

p105

この**意識**で解決

手元はボールではなく真下に向かう

💡 **意識の置き所**

切り返しから手元は真下に下ろします。カラダの右側という意識でも良いでしょう。ボールをつかまえるにはこの動作が不可欠になります。

お尻とベルトのバックルに線を引きました。つまり体側の幅です。
手元は腰の高さまで真下に向かいこの幅を出ません。

人差し指のトリガーに重みを感じる

切り返しでトリガーをつくった人差し指にグリップの重みを感じられているうちは手元がボールに向かっていない証拠です。手元が下りる動作ができない人は、この重みを感じられる時間をできるかぎり長く持続できるように意識してみるのはどうでしょうか。

この応急処置で解決

切り返しで左肩越しにボールを見る

🔧 処置のやり方

切り返しのタイミングで左肩越しにボールを見ると、カラダの開きをワンテンポ遅らせることができます。つまり手元が前に出てきません。普段の練習から意識しても良いでしょう。

悩み ▶ # スライスが減ったと思ったら左へ曲がりだした

これが 原因 ▶ **1**

ストロンググリップが強い

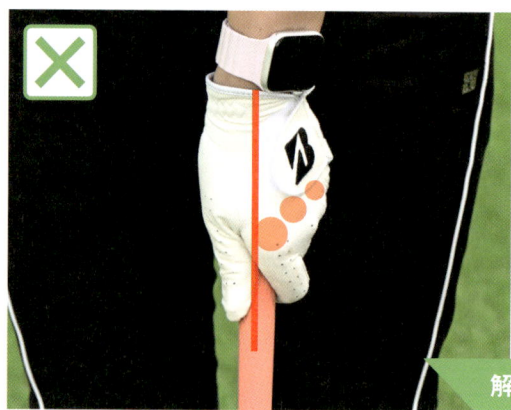

❓ なぜ起こる

スライスを防ぐためにおこなっていたストロンググリップによってフェースが被って左に飛んでいる可能性があります。このタイプの人はスクエアグリップを試してみましょう。

解決法はp114へGO!

これが 原因 ▶ **2**

腰が止まり手で返している

❓ なぜ起こる

腰が止まった状態で手を返すことでフェースが被り左に曲がります。いわゆる「引っ掛け」です。カラダが動かない朝一や疲労が溜まるラウンド後半で起こりやすい傾向があります。

解決法はp114へGO!

スライスが減ってきた人が次に陥る悩みは左方向への引っ掛けやチーピンです。これはボールをつかまえることができるようになった証ですが、ラウンドではOBになることも多く厄介です。

これが原因▶3
インサイド軌道が強い

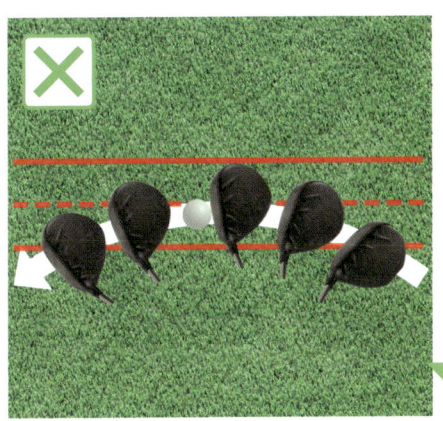

？ なぜ起こる

スライスを防ぐにはインサイドからクラブを出すことが大切ですが、インサイドの度合いが強すぎるとボールを左下から右上へ強烈に擦りながらインパクトするので、強いフック回転がかかります。またフォローでもインに抜けやすく強いインサイドイン軌道になるため、「チーピン」が出やすくなります。

解決法はp115へGO!

これが原因▶4
右を向いてアドレスしている

？ なぜ起こる

ビギナーが右を向くと右へ飛びますが、ボールをつかまえることができる人が右を向くとインサイド軌道が強くなり、フェースが被って左へ飛びやすくなります。このタイプの人はラウンド時のアドレスづくりに気をつけましょう。

解決法はp115へGO!

原因1 原因2 原因3 原因4

ストロンググリップが強い p112

ストロンググリップを
スクエアグリップに変える

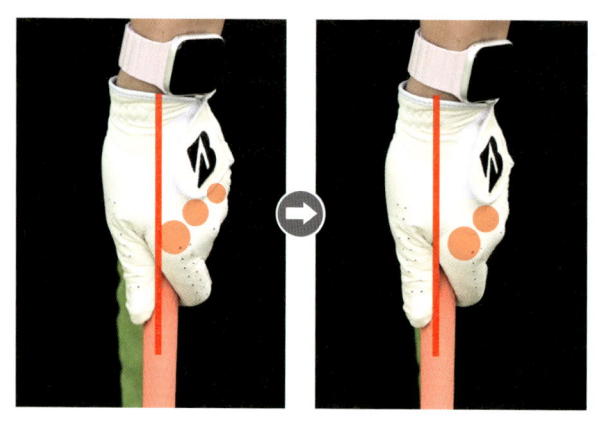

💡 **意識の置き所**

インサイドからクラブを出してボールをつかまえることができるようになったら、グリップをストロングからスクエアにしてみても良いでしょう。

原因1 原因2 原因3 原因4

腰が止まり手で返している p112

カラダが動かないときは
体重移動をしっかり意識

💡 **意識の置き所**

朝一のカラダが硬いときや、ラウンド終盤の疲労が溜まったときは、しっかり体重移動することを意識してみましょう。ただし、できているときに意識すると動作が過剰になるので注意が必要です。

インサイド軌道が強い

`p113`

この応急処置で解決

左足を少しだけ引いてアドレスする

🔧 **処置のやり方**

ラウンド中に強いインサイドイン軌道になった場合は、左足を少しだけ引いてみましょう。これで飛球線後方にヘッドを引いていつもどおりスイングすれば、ややアウトサイドから下りることになるので、相殺されてまっすぐ飛びやすくなります。

右を向いてアドレスしている

`p113`

この意識で解決

つま先、ひざ、肩のラインをスクエアに揃える

💡 **意識の置き所**

飛球線に対してつま先、ひざ、肩のすべてが平行になるようにかまえます。左に引っ掛ける人は、ボールをつかまえるために、つま先は平行でも左肩が閉じていることが多いので意識してみましょう。

飛球方向の悩み③

▼ スライスが減ったと思ったら左へ曲がりだした

スイングを10局面で分析②
―P3〜P6の主な評価―

P3 左腕が地面と概ね平行

- ☑ 左ひじが伸び、手元がカラダから離れているか。
- ☑ コックが正しく入り、シャフトが立っているか。
- ☑ 前傾を維持できているか。

P4 トップ

- ☑ 左右の肩が縦関係になっているか。
- ☑ 左足の踏み込みのみがはじまっているか。
- ☑ 右ひじが下を向いているか。

P5 左腕が地面と概ね平行

- ☑ コックが解けていないか。
- ☑ 左肩をできるだけ閉じたまま左骨盤を引きはじめているか。
- ☑ 頭を右に残せているか。

P6 シャフトが地面と概ね平行

- ☑ 手元が腰の高さより低い位置にあるか。
- ☑ ヘッドの角度が前傾姿勢とほぼ平行になっているか。
- ☑ 前傾を維持できているか。

PART 4

飛距離アップの悩み

ドライバーが今よりも20ヤード伸びれば、2打目がラクになることは言うまでもありません。ゴルフは飛距離を競うスポーツではありませんが、飛距離があることはコースマネジメントをラクにします。ここでは飛距離に関わる悩みとその解決法を紹介します。

 シャフトをしならせて スイングできない

これが **原因**

切り返しから手元が ボールに向かっている

❌

❓ なぜ起こる

切り返しの直前のグリップエンドは斜め右下を向いています。この方向に手元を動かせれば良いのですが、ボールに向かって下ろすと手首の角度が解けてアーリーリリースとなりシャフトがしなりません。

しなりを邪魔するのは「力み」です。手元が力み、グリップに間違った方向へ力を加えるとヘッドが本来描くはずの円弧は歪み、シャフトはしなりません。「クラブに仕事をさせる」振り方をおぼえましょう。

グリップエンドが指す方向へ
手元を一瞬だけ動かす

💡 意識の置き所

強引に手元をボールに向かって下ろさないことが大切です。切り返しの直前のグリップエンドが指す右斜め下に向かって一瞬手元を動かす意識をもちましょう。

しなり戻りはキックポイント次第

切り返しでしなったシャフトはインパクト直前までにしなりが戻り、手元を追い越します。これを「しなり戻り」と呼びます。しなり戻る幅はシャフトのキックポイント（しなる位置）やフレックス（硬さ）に依存します。自分に合ったシャフトを選べばボールをしっかりつかまえて飛距離もアップします。

 左肩を開かず切り返して捻転差を最大化する

💡 意識の置き所

左肩を開かずに切り返すことを意識します。バックスイング後期はヘッドが上がるにつれ上半身は捻られていきます。そのためここで切り返せば下半身は左に向かうので、体幹の捻転は最大化します。この最大化した捻転差が一気に戻ることでクラブは引っ張られシャフトがしなります。

1
ドライバーのアドレスはややハンドレイト気味が基本です。

2
右手が右足を越えるまでは低く飛球線後方へ引きます。

3
バックスイング後期に左足へ荷重することで捻転差が最大化します。

4
切り返しでは左肩を開かず我慢しながら左足を踏んでいきます。

左肩が開くと
捻転が消滅する

下半身リードで切り返しても、左肩が同時に開くと体幹の捻転はなくなります。これでは効率良くスイングスピードは上がらず、シャフトもしなりません。

5

ボールではなく右足の前に向かってクラブを下ろす意識をもちます。

6

頭を右に残し、右手で押し込みながらインパクトに向かいます。

7

頭を右に残すことで加速したヘッドに腕が引っ張られ伸びていきます。

8

腕が引っ張られ続けると、自然とフォローの姿勢が決まります。

悩み ▶ どうしてもバックスイングが小さくなってしまう

これが原因

右ひじをすぐに曲げ
スイングアークが小さい

？ なぜ起こる

ラウンドになると緊張やボールに当てたいという意識から、腕の動きが小さくなりバックスイングが浅くなりがちです。しかしこれではスイングアークも小さくなるので、飛距離アップが期待できません。

ラウンドに出ると緊張からかバックスイングが小さくなってしまう人が多くいます。しかしスイングアークが小さくなるとヘッドも走らず飛距離が伸びません。

この意識で解決 ゾウの鼻のように飛球線後方へ放り投げる

💡 意識の置き所

手元からヘッドまでがゾウの鼻になったイメージで、左手でグリップエンドを押し出すように手元から飛球線後方へ向かって大きくバックスイングします。手元が先行してヘッドが遅れて動き出すような感覚を身につけましょう。

初動でグリップエンド
を押し出します。

 どうしてもダウンスイングが 小さくなってしまう

これが**原因**

切り返しからヘッドをボールに向かって 直線的に下ろしている

❓ なぜ起こる

切り返しで手元が力んでいると、右肩が前に出てヘッドは直線的にボールに向かって下りてしまいます。これではヘッドは加速しないので「力一杯振っているのに飛ばない」スイングになってしまいます。

ダウンスイングのアークが大きくなればヘッドが走る距離が長くなるのでヘッドスピードは加速します。そのためには、切り返しでヘッドが背中側に落下することが重要になります。

クラブをサイクロイド曲線で下ろす

💡 意識の置き所

ブランコのようにヘッドは曲線的に下りてくることで加速します。そのためには切り返しで手元が力んでいないこと、クラブを自分から見て時計回りに動かすことが大切になります。

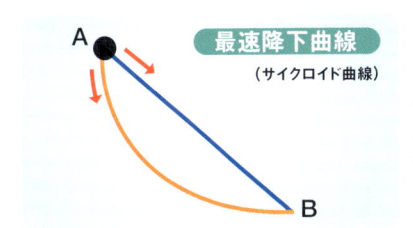

最速降下曲線
（サイクロイド曲線）

滑り台のように曲線落下させる

AからBに物体が落下するとき、左図の青い直線より橙色の曲線（サイクロイド）の方が速く到達します。ダウンスイング時のヘッドもこの曲線を描くようなイメージをもちましょう。

125

 **どうしてもドライバーの芯で インパクトできない**

これが原因

側屈がなく最後まで 左手でグリップを引っ張っている

❓ なぜ起こる

切り返しから右わき腹の側屈がない状態で、左手でグリップを引っ張り続けると、上体が起き手元も浮き上がります。これではヘッドが走らないので飛距離は出ませんし、フェースが開いているので当たってもスライスになります。

ドライバーは遠心力が強く働くので手元が上がりやすく、右わき腹の側屈がなく最後まで左手でグリップを引っ張るスイングをしていると、さらに手元が上がってしまいます。

右わき腹側屈と 右手の押し込みを意識する

💡 **意識の置き所**

切り返しから右わき腹の側屈が入ることで前傾がキープされます。そして左手で引っ張るのではなく、右手で押し込むことでフェースが返り、芯でインパクトしやくなります。

曲がった右ひじが お腹の近くを通る

右わき腹の側屈が入り、右ひじが曲がった状態でお腹の近くを通ることで前傾がキープされ、インパクトで手元も浮きません。

右わき腹の側屈が入ったダウンスイングをしているので、アッパーブローで右手でボールを押し込めています。

飛ばすための下半身の使い方がわからない

飛距離を伸ばすという観点からすると下半身を積極的に使うことは重要です。ただし方向性が不安定になるという面もあるので、各自で下半身の積極性を調整する必要があります。

これが**原因**

体重移動以外の使い方がわからない

なぜ起こる

アドレスから右足かかとに体重を乗せ、左右5対5の切り返しを経てインパクトで左足かかとに乗っていくのが体重移動の基本です。しかし飛距離を伸ばすにはさらに意識してほしいポイントがあります。

左足をヒールアップする

💡 意識の置き所

下半身を積極的に使う手段のひとつは左足のヒールアップです。バックスイングでヒールアップすることで右足によりしっかりと体重移動できます。ポイントはバックスイング始動直前に一度左足を踏みバックスイングの勢いをつけることです。

左足かかとに踏み込みバックスイングの勢いをつけます。

左足かかとを上げて、しっかりと右足に体重を乗せます。

右足で踏ん張りながら腕を伸ばす

💡 意識の置き所

下半身を積極的に使う手段のもうひとつはバックスイング時の右足の踏ん張りです。普段よりも右足裏の内側で踏むような意識です。これにプラスして腕を飛球線後方へしっかり伸ばすことでいつもよりカラダの捻転がしっかりおこなわれ飛距離アップにつながります。

**悩み** ▶

ドライバーが吹き上がり
飛距離をロスしている

ドライバーは、最下点を通過してヘッドが上がる過程でインパクトするのが理想です。これによりスピン量や打ち出し角度が適正となり、吹き上がることなく飛距離が伸びるようになります。

これが原因

ボールに向かって打ち下ろしている

ボールに向かって打ち下ろす「ダウンブロー」ではボールに強烈なバックスピンがかかり吹き上がります。

❓ なぜ起こる

切り返しからボールに向かって手元を直線的に下ろすことが大きな原因です。このスイングはアイアンでは有効ですが、ドライバーは最下点を過ぎてからインパクトしたいので、右足前に振り下ろす必要があります。

最下点を過ぎてからインパクト

💡 意識の置き所

最下点は通常頭の下になります。右足の前に振り下ろす意識だと、最下点を過ぎて左足の前にあるボールにインパクトしやすくなります。このように最下点を越えてから打つスイングを「アッパーブロー」と呼びます。

最下点

アッパーブローであればスピン量と打ち出し角が適正な範囲で収まりやすくなります。

ワンポイントレッスン
ONE POINT LESSON

適正なスピン量と打ち出し角度

飛距離は基本的にスイングスピードに依存しますが、それはスピン量と打ち出し角度が適正範囲に収まっていることが前提です。スピン量が極端に少ないとすぐに落下し、多いと吹き上がります。打ち出し角度が極端に鋭角だと出球が低く、鈍角だと高く上がります。

適正スピン量
2000〜2600回転

適正打ち出し角度
12〜16度

 **悩み** ▶

アイアンが厚く当たらず 番手通りに飛ばない

アイアンはボールを潰すように上から当て、最下点の手前でインパクトするのが理想です。このときハンドファーストをつくりロフトを立たせることで飛距離が出ます。

これが 原因 ▶

ロフトが寝た状態で打っている

ロフトが寝るので
ボールは高く上がります。

? なぜ起こる

ボールを上げようとする意識が強かったり、体重が右足に残っていたりするとロフトが寝てしまうので、きれいに当たってもボールは高く上がるだけで飛距離は伸びません。また、ボールの上に当たりトップすることも多くなります。

この**意識**で解決

ボールを潰す意識で 上から打ち下ろす

💡 **意識の置き所**

ボールを潰すように上から打ち下ろすと、最下点はボールの先になります。このようにダウンブローで打てるとインパクト時のロフトが立つので、強い球が出て飛距離が伸びます。

ロフトを立たせてうまく打てるとボールを潰すような感覚が得られます。

ワンポイントレッスン
ONE POINT LESSON

ボールの先の 芝が取れているか？

正しくダウンブローで打てると最下点はボールの先なので、天然芝で打つと、ボールの先の芝生が取れます。

打ち出し方向

ボールが あった場所

プロゴルファーに共通する
ダウンスイングの「タメ」とは？

O

X

切り返し前後の手首とシャフ
トの角度は直角のままが基本
です。タメをつくろうと親指
側へ無理に曲げても飛距離
は伸びませんし、左手首が背
屈してスライスを誘発します。

一般ゴルファーがプロのスイングを見て憧れる要素のひとつが「タメ」ではないでしょうか。切り返しから手首とシャフトの間の角度が急に鋭角になりパワーが溜まっているように見えます。見よう見まねで試みでも、いまいちうまくいかないという人は多いと思います。ここではこの「タメ」の正体について解説します。

シャフトが背中側へ倒れることでタメができる

左右の写真はどちらも手首とシャフトの角度は直角ですが、シャフトが倒れることで右写真は鋭角になったように見えます。これがタメの正体です。

タメができているように見える人は、切り返しで右写真のようにヘッドが背中側へ自然落下しています。つまり時計回りに手元を動かせているということです。これは飛距離アップには欠かせない動作になります。

動画撮影 こそが 上達の近道！

スイングを10局面で分析③
―P7～P10の主な評価―

P7 インパクト

- ☑ 顔が下を向いているか。
- ☑ 手元の高さや頭の高さを アドレス時と同じように保っているか。
- ☑ ハンドファーストを つくれているか。

P8 シャフトが地面と 概ね平行

- ☑ 左ひじが極端に 曲がっていないか。
- ☑ 顔が右に残っているか。
- ☑ 前傾を維持できているか。

P9 右腕が地面と 概ね平行

- ☑ 右ひじを伸ばせているか。
- ☑ 右足に体重が 残りすぎていないか。

P10 フィニッシュ

- ☑ 左足でまっすぐ立てているか。
- ☑ シャフトが背中側へ 回っているか。

PART 5

傾斜・グリーン周りの悩み

スコアをつくるうえで大切なことは傾斜とグリーン周りです。傾斜で大叩きせず、グリーン周りからピンに寄せることができれば自ずとスコアはまとまっていきます。とくに傾斜は多くのゴルファーが苦手としているので正しい打ち方を身につけましょう。

悩み ▶ つま先上がりがうまく打てない

つま先上がり

✓ つま先上がりの特性

①フェースが左を向くのでボールは
　左へ飛びやすい。

②かかと側へバランスを崩しやすい。

③体重が右足に残りやすい。

4つの傾斜の中では比較的打ちやすい「つま先上がり」ですが、油断すると思わぬミスも起こります。距離があるときは無理にグリーンを狙わず、1番手上げてハーフスイングで方向を重視しましょう。

つま先上がりは油断するとこうなる！

ミス1 思い切り右に飛んでいく

なぜ起こる

つま先上がりはボールまでの距離が近いので、力んで直線的に振り下ろすとフェースが開いたままインパクトしやすくなります。これではつま先上がりでも右へ飛んでいきます。

ミス2 バランスを崩し強烈なフック

なぜ起こる

スイング中につま先荷重を保てず、かかと側へバランスを崩した姿勢のまま手で強引にフェースを返すと、強烈に左に巻いたボールが出ます。

ミス3 ナイスショットが左に飛ぶ

なぜ起こる

つま先上がりのライではクラブの構造上フェースは左を向きます。そのため、ターゲットを目指してアドレスをとると、ナイスショットをしてもボールは左に飛びます。

 つま先上がりのアドレスの考え方

💬 **こう考える**

❶ 左に飛びやすいので下記の3つのいずれかで対策。

やや右を向いてアドレス　ボールを右寄りに置く　フェースをやや開く

❷ かかと側に倒れやすいのでつま先荷重をキープ。

❸ ボールまでの距離が近いので下記のどちらか、または両方で対策。

グリップを短く握る　スタンスをやや狭くする

❹ 体重移動をすると右足に乗りすぎるため、
体重移動はせず左足6：右足4ほどをキープしてハーフスイング。

この写真ではターゲットより右を向くことで左に飛ぶ対策をしたので、ボール位置は普段どおり。つま先荷重と左足6割荷重をキープし、ハーフスイングなので番手はひとつ上げています。

傾斜を攻略　つま先上がりの打ち方

体重移動はせず胸の前で腕を返して打つ

つま先上がりでは右足に体重が残りダフリやすいので、左足6割ほどの荷重で体重移動はせず、胸の前で腕をしっかり返して打つことを意識します。

 つま先上がりのアプローチ

インサイドの空間からヘッドを入れる

つま先上がりは足元が低く空間があるので、そこからヘッドを入れるとボールを浮かせやすくなります。技術的には難しくなりますが、アプローチでは有効な手段になります。

悩み▶ つま先下がりがうまく打てない

つま先下がり

✓ つま先下がりの特性

①フェースが右を向くので右へ飛びやすい。

②つま先側へバランスを崩すと手元や右肩が前に出る。

③ボールまでが遠いのでトップしやすい。

「つま先下がり」のライは、さまざまなミスが出やすく、4つの傾斜の中でも難易度は高い方と言えます。無理にグリーンは狙わず、1番手上げてハーフスイングに徹しましょう。

つま先下がりは油断するとこうなる！

ミス 1 ひざが前に出て アドレスが窮屈

 ？ なぜ起こる

ひざが前に出るように曲げてしまうと手とひざの距離が近くなり窮屈に感じます。するとインパクトでひざが伸びたり、手が下がらなかったりしてトップが出ます。

ミス 2 手元が前に出て シャンク

 ？ なぜ起こる

つま先側にバランスを崩すと、手元や右肩が前に出てしまいネックにボールが当たりシャンクなどのミスショットが出てしまいます。

ミス 3 ナイスショットが 右に飛ぶ

 ？ なぜ起こる

つま先下がりのライではクラブの構造上フェースは右を向くので、ターゲットを見て普段どおりのアドレスをとると、ナイスショットをしてもボールは右に飛びます。

つま先下がりのアドレスの考え方

💬 **こう考える**

1 ボールは左に置くと届かないので右寄りに置く。

2 右に飛びやすいのでやや左を向いてアドレスする。

3 つま先側に倒れやすいのでかかと荷重をキープ。

4 ボールまでの距離が遠いのでスタンスを広げてお尻を落とす。

5 体重移動をするとバランスを崩しやすいので、
体重移動はせず左足6：右足4をキープしてスイング。

股関節から上体を折り、ひざを前に出さないようにお尻を下げることが大切です。またトップしやすいので顔を上げて目標を見たりせず、しっかり腕を下ろすことを意識します。

傾斜を攻略　つま先下がりの打ち方

左足荷重のまま縦にスイングする意識

腕が下がらないとトップするので縦スイングを意識します。グリップをやや短く握ることで、上体を起こさず腕をしっかりボールに届かせるイメージがわきやすいでしょう。右足に体重が残るとダフりやすいので左足6割ほどの荷重で体重移動はせず、上体を起こさずにハーフスイングに徹します。

悩み ▶ 左足上がりがうまく打てない

左足上がり

✓ 左足上がりの特性

①ロフトが寝るので、ボールは上がるが飛距離は落ちる。

②傾斜を登るため、右足から左足へ体重移動しづらい。

③腰の回転が止まりやすく、手で返す動きが強くなると左へ引っ掛ける。

打ち上げのコースでは、フェアウェイ全体が「左足上がり」のライになっていることはよくあります。4つの傾斜の中では難易度は低い方なので、積極的にグリーンを狙っていきましょう。

左足上がりは油断するとこうなる！

 ミス1 傾斜に負けてダフる

？ なぜ起こる

スイング中に踏ん張れずに傾斜に負けてしまうとカラダが右足側に倒れてしまいます。すると左足に体重移動できないのでダフってしまいます。

 ミス2 腰の回転が止まり引っ掛け

？ なぜ起こる

傾斜を登るように左足に体重移動できず、腰の回転が止まってしまうと、手で返すことになり左に引っ掛けることがあります。

 ミス3 ボールが高く上がってショート

？ なぜ起こる

傾斜に沿って打つとフェースが上を向くためボールは普段よりも高く上がります。そのため1、2番手上のクラブを持たなければナイスショットをしてもグリーンに届かないということがあります。

 傾斜を攻略

左足上がりのアドレスの考え方

💬 こう考える

❶ 左に飛びやすいので下記のどちらかで対策。

やや右を向いてアドレスする ボールを右寄りに置く

❷ 傾斜なりに立つ場合は右足6：左足4の体重配分で立つ。

❸ 重力に対して垂直に立つ場合は左足荷重をキープする。
やややオープンスタンスでもOK。

傾斜なりに立つ	重力に対して垂直に立つ

バックスイングで傾斜に負けてカラダがスウェーしないように、普段よりも右足かかとで踏むことを意識します。

左足荷重をキープしたままスイングします。やややオープンに立つと、左へ飛び出すことが相殺されます。

左足上がりの打ち方1
傾斜なりに立つ

インサイドから
アッパーに打つ

左足上がりは地面とヘッドの関係が鋭角になり歯が刺さりやすいので、インサイドからドローを打つイメージでアッパー気味に振ります。

左足上がりの打ち方2
重力に対して垂直に立つ

左足荷重で
ダウンブローに当てる

グリップはやや短く握り、左足荷重のままダウンブローに打ち込みます。飛距離は落ちますが、ボールが上がり過ぎたり、左へ曲がることが軽減されます。

強烈な左足上がりの打ち方

左ひじを抜いて
フェースを返さない

傾斜なりに立ち、オープンスタンスにかまえ腕の通り道を確保します。フェースを開き体重移動はせず、左ひじを抜くように打ち、最後までフェースは返しません。

149

悩み ▶ 左足下がりがうまく打てない

左足下がり

✔ 左足下がりの特性

①最も難易度が高い傾斜。

②ボールは低い球になりランが出る。

③アウトサイドイン軌道でないとインパクトしづらいので、結果として右へ飛びやすくなる。

難易度が高く苦手意識をもつ人が多いのが「左足下がり」です。ボールが上がりづらいライなので、無理に上げようとせず傾斜なりにスイングすることがポイントになります。

左足下がりは油断するとこうなる！

 ミス1 普段どおりに打ってダフる

？ なぜ起こる

普段どおりに右足に体重移動をしてインサイドからクラブを下ろすと、右足側の地面が高いのでダフります。左足下がりでは左足荷重をキープしたままアウトサイドから下ろす意識をもちます。

 ミス2 フォローを高く上げてトップ

？ なぜ起こる

ボールを上げようとフォロースルーを高くすることを意識するとトップしやすくなります。左足下がりでは、傾斜なりに低くフォローを出しましょう。

 ミス3 転がりすぎてグリーンオーバー

？ なぜ起こる

左足下がりはナイスショットできると、ボールは低い弾道で飛んでいきます。そのため普段よりも転がりやすくランが出るので、その分を計算に入れておかないとグリーンオーバーということもあります。

左足下がりのアドレスの考え方

💬 **こう考える**

❶ ダフりやすいのでボールは普段よりやや右寄りに置き、グリップは短く握る。

❷ 右に飛びやすいので下記のどちらかで対策。

やや左を向いてアドレス　やややオープンスタンス

❸ 体重移動はせず、左足荷重をキープしたままスイングする。

傾斜なりに立ち、左足荷重をキープすることが大切です。右足側が高いのでインサイドからクラブを出す意識が強いとダフりやすいので注意しましょう。

傾斜を攻略 左足下がりの打ち方

傾斜なりに立ち低くフォロースルーを出す

目標に向かって目線を上げず、傾斜なりに低くフォロースルーを出すことがポイントです。また左足荷重をキープして、ややアウトサイドから入れる意識をもちましょう。

傾斜を攻略 左足下がりのアプローチ

右足を引いて打つ

距離を必要としないアプローチでは、グリップを短く握り右足を引いて打つのもおすすめです。右足を引くことで腕の通り道が確保でき、スイングの窮屈さがなくなると同時に、左足荷重を保つことも容易になります。

悩み グリーン周りから いつもダフってしまう

グリーン周りでダフりやトップが出やすい人は、ヒールを浮かせてトゥ側でパターのように打つ方法がおすすめです。かんたんにまっすぐ転がすことができるので重宝します。

これが原因

インパクト直前で手元を減速させてダフる

❓ なぜ起こる

リーディングエッジを地面にペタッとつけた状態でアドレスし、飛びすぎないようにとインパクト直前で手元を減速させると、ヘッドが垂れてエッジが地面に刺さりダフるか、それを嫌がり手元を上げてトップが出やすくなります。

ヒールを浮かせて
トゥ側でパターのように打つ

💡 **意識の置き所**

左目の下にボールを置き、できるだけ近づきパターと同じように打つことを意識します。ポイントはアドレスの時点でヒール側を浮かせ地面との設置面を減らすことです。

**ワンポイント
レッスン**
ONE POINT LESSON

フェースを被せて
トゥで打つ

飛球線方向

ヒール側を浮かせるだけではフェースが右を向くので、正面を向くまで被せてアドレスします。そしてトゥ側にボールを当てて転がします。

155

SW、9I、7Iで打ちわける

🔍 ドリルの狙い

5時7時と4時8時の振り幅をサンドウェッジと9番アイアン、7番アイアンの3つの番手でおこないます。これで6つの強さ（距離感）を打ちわけることができるようになるので、インパクト直前で手元を緩めて距離を調整する必要もありません。

SW × 4時8時

9番 × 4時8時

同じ4時8時の振り幅でも番手を変えるだけで転がる距離は変わります。5時7時でも同様に変わるので、合計6つの距離感で打ちわけることができるようになります。

ワンポイント
レッスン
ONE POINT LESSON

振り幅と飛距離を
おぼえておく

5時7時と4時8時の振り
幅による番手ごとの飛距
離を身につけましょう。

5時
7時

4時
8時

7番
×
4時8時

悩み ▶ グリーン周りからの 転がしの基本がわからない

これが原因

インパクトで頭が右に動いてしまう

❓ なぜ起こる

左足荷重をキープする意識がないと起こりやすいです。スタンスが狭いアドレスでは、ヘッドが前に振られた反動で頭が右に動きやすく、その結果、手元が上がりトップしてしまいます。

グリーン周りでの転がしが苦手な人は、スタンスが狭くなると軸がぶれてしまう傾向があります。ポイントは手元を浮かせないために左足荷重をキープすることです。

 この**意識**で解決

左足荷重キープで低く打ち出す

💡 **意識の置き所**

アドレス時から左足に7割ほど荷重して、その荷重割合をキープしたままスイングすることを意識します。すると手元の浮きも抑えられるので再現性の高いスイングができます。

 ワンポイントレッスン
ONE POINT LESSON

ピンではなく落とすところを見る

ピンではなく、ボールを落とすところを見て目測で振り幅や強さをイメージします。ピンを見るとオーバーしがちなので気をつけましょう。

右足を引いて 左足荷重でスイング

この ドリルで 解決

🔍 ドリルの狙い

右足を引くことで強制的に左足荷重をしたままスイングします。左足荷重をキープできると頭が動かず手元も浮かないことを体感できます。

正面

1 右足を後ろに引いてつま先を地面につけてバランスをとります。

2 コックは入れず、左足荷重のままバックスイングをします。

横

1 右足を引いても、いつも通り前傾姿勢は正しくつくります。

2 カラダの回転に腕を同調させるようにバックスイングをします。

ワンポイントレッスン
ONE POINT LESSON

フェースは開閉させずに
カラダの回転で打つ

転がすアプローチでは、手は使わずカラダの回転に同調させて打ちます。またフェースは返さずに低くフォロースルーを出すと、まっすぐに転がしやすくなります。

手首は返さず、ハンドファーストをキープしたままインパクトします。

フォロースルーまで左足荷重の割合は変わりません。

3　**4**

インパクトではアドレス時の位置に手元が戻るのが理想です。

左足荷重のまま低くフォロースルーを出します。

3　**4**

161

 グリーン周りからの浮かしの基本がわからない

これが**原因**

浮かせたいからしゃくるように打つ

❓ なぜ起こる

浮かせることを強く意識するあまり、手を返してしゃくるようにスイングし、歯がボールに当たりトップするというのがよくあるNGパターンです。

ボールを浮かせたいのにうまくいかない人は、しゃくるように打っている傾向があります。ボールを浮かせるには、フェースを開きバウンスを滑らせることが大切です。

 この意識で解決

フェースを開きハンドダウンで打つ

💡 **意識の置き所**

ボールはやや右寄りに置きフェースを少しだけ開き、ひざを曲げて手元を下げてハンドダウンでアドレスします。そこから手ではなくカラダの回転でバウンスを滑らせて打つことを意識します。体重移動はせず左足荷重をキープしましょう。

手首の角度を
最後までキープする

ダフリやトップをせずに振り抜くには、ハンドダウンでアドレスしたときにできた手首とシャフトの角度をスイング中もキープして、カラダの回転で打つことが大切です。

 グリーン周りから短い距離を フワッと浮かせられない

これが原因

基本に忠実な打ち方をしている

❓ なぜ起こる

フェースを開かずに飛球方向へ向けてインサイドから入れるという基本に忠実な打ち方をすると、短い距離をフワッと浮かせて止めるのは難しいでしょう。

短い距離をフワッと浮かせて止める打ち方を知っておくと、ピンが手前に切られているときなどに役立ちます。ポイントはオープンスタンスでフェースを開きややアウトサイドから入れることです。

フェースを開いて
ややアウトサイドから入れる

💡 意識の置き所

フェースを開いた分だけ左足を引いてオープンスタンスにかまえ、意識はややアウトサイドからカット気味に入れます。顔は上げずに手元を下げて打てれば、自然とボールは上がります。

ワンポイントレッスン
ONE POINT LESSON

フェースを開いた分だけ
カラダを開く

フェースを開くとボールは上がりやすくなりますが右へ飛び出しやすくなります。そのためカラダを開くことで相殺してまっすぐ飛び出すようにします。カラダの開き具合はフェースを開いた角度と同じだけ開くことを目安にします。

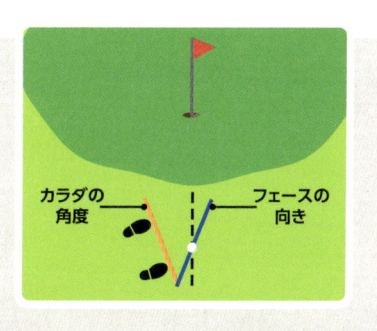

 **悩み** ▶

グリーン周りのバンカーから
1発で出せない

これが 原因 ▶ 1

芝生上と同じように
ハンドファーストでかまえている

解決法はp168へGO!

❓ **なぜ起こる**

スイングの基本はハンドファーストなので、アゴの高いグリーンバンカーでも同じようにかまえる人がいますが、これではリーディングエッジが砂に刺さります。このようなタイプの人は、グリーンバンカー特有のアドレスを身につけましょう。

グリーン周りにあるアゴの高いバンカーはプレッシャーがかかるものです。できれば入れたくはないですが、入ってしまったときのために1発で確実に出せるようになる打ち方を身につけましょう。

これが原因▶2
ボールのかなり手前から砂に入っている

✕

解決法はp169へGO!

❓ **なぜ起こる**

ボールに直接打ち込むと「ホームラン」となり大きく飛んでしまいますが、それを怖がりボールから離れたところに打ち下ろしてはボールを出せません。このタイプの人は狙ったところにヘッドを落とせるようになりましょう。

原因1 原因2

芝生上と同じようにハンドファーストでかまえている　p166

この意識で解決  ## ハンドレイトでバウンスから砂に入れる

💡 意識の置き所

バンカーから砂ごとボールを出す場合は、ハンドレイト気味にアドレスします。そしてボールの1個手前あたりにバウンスから砂に打ち込む意識で、ボール周囲の砂ごと出します。ただし、手打ちになり過ぎないように下半身リードはしっかりとおこないましょう。

正面

1 砂を掘り両足を沈め、ボールはやや左足寄りに置きハンドレイトでかまえます。

2 体重移動をするか、左足荷重キープするかは人それぞれです。

3 体重移動をする人は、ここで左足に体重を移して切り返します。

4 ボールの1個分手前にヘッドを落とす意識でダウンスイングをします。

5 ボール周囲の砂ごとさらってバンカーからボールを出します。

6 バンカーの飛距離は芝の1/3程度が一般的な目安になります。

1 少しだけフェースを開き、その分、左足を引いてオープンスタンスをとります。

2 右ひざは伸ばすことなく、コックを入れながらバックスイングします。

3 左足荷重キープの人はここで上体が起き上がらないように注意しましょう。

4 顔は上げず、左ひざを曲げたままダウンスイングします。

5 手元を下げて振り切るには顔をできるだけ上げないことが大切です。

6 最後まで左ひざの角度を保つことで前傾を保ったスイングができます。

原因2

ボールのかなり手前から砂に入っている　**p167**

このドリルで解決

砂に線を引いて線上にヘッドを落とす

🔍 **ドリルの狙い**

砂に線を引き、その線上にヘッドを落とします。これによって狙ったところにヘッドを落とす感覚を身につけます。ここでも下半身リードは忘れないようにしましょう。

悩み▶ パターを狙ったとおり まっすぐ打ち出せない

これが原因▶1

グリップを横から 両ひじを張って握っている

解決法はp172へGO!

❓ なぜ起こる

パターのアドレスのセオリーである「腕で五角形をつくる」ことを意識するあまり、横からグリップを握りひじが張っている人がいます。これでは肩に余計な力が入りまっすぐ打ち出すことが難しくなります。

傾斜のないフラットなグリーンであっても、狙ったとおりまっすぐ打ち出すことができなければボールはカップに入りません。まずは正しく打ち出すためのポイントを理解しましょう。

これが原因 ▶2
骨盤が後傾してボールを真上から見られていない

❓ なぜ起こる

ラクな姿勢でいると起こりやすいです。これでは目線とボール位置が重ならないのでまっすぐ打ち出すことが難しいでしょう。

解決法はp173へGO!

これが原因 ▶3
インパクトのときに顔が上がってしまう

❓ なぜ起こる

前傾姿勢がつらい人や、ボールの行方をすぐ見たい人に起こりやすいです。これではフェースをまっすぐに保つことが難しくなります。

解決法はp173へGO!

原因1 原因2 原因3

グリップを横から両ひじを張って握っている `p170`

正しい握り方を身につける

💡 **意識の置き所**

自分に合うパターの握りを見つけると同時に、ひじを下に向けたまま握る腕の使い方を身につけましょう。

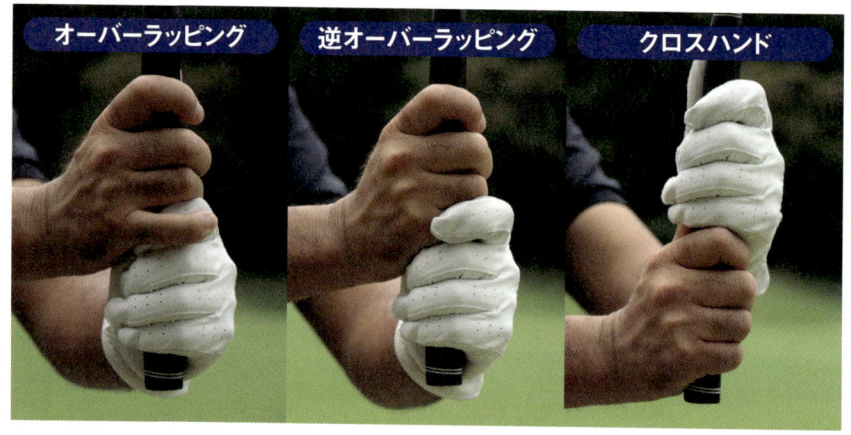

オーバーラッピング 逆オーバーラッピング クロスハンド

パターのグリップ形状はさまざまあり、握り方も人それぞれです。上記の3つは代表的なものですが、ほかにもあるので自分に合う握りを見つけることが大切です。

ひじを下に向けたまま前腕だけを内側へ回して、グリップを握ります。グリッププレッシャーは人それぞれなので、しっかり握るのか、指にかけるだけなのか、何度か打ってみて自分に合う圧を見つけましょう。

原因1 **原因2** 原因3

骨盤が後傾してボールを真上から見られていない `p171`

 この**意識**で解決

正しいアドレスを身につける

お尻を上げる

股関節から折る

ボールは左目の下

ひじは下に向ける

💡 **意識の置き所**

ボールが左目の下になるように立ち、お尻が下がらないように股関節から上体を折ってアドレスします。下半身をしっかり安定させることを意識しましょう。

原因1 原因2 **原因3**

インパクトのときに顔が上がってしまう `p171`

 この**意識**で解決

顔は上げずフォローは低く出す

💡 **意識の置き所**

まっすぐ打ち出すために、ボールが転がり出すまで顔は上げず、フォローを低く出すことを意識します。

 ラインの読み方が わからない

これが原因

漠然とボールの後ろから傾斜を見ている

❓ なぜ起こる

グリーンの傾斜を見る余裕や時間がないときに起こりやすいです。ボールの後ろから しか見ていないとラインを正確に読むのは難しいでしょう。複数のアングルから傾斜 を見てラインを読むことが大切です。

一般ゴルファーが初見のグリーンでラインを完璧に読むことは難しいですが、手順を踏めばある程度は読むことができます。ここでは傾斜を見抜く4ステップを紹介します。

この**意識**で解決

4段階にわけて傾斜を見る

💡 **意識の置き所**

段階を経て傾斜を見ていきます。山岳コースでは、全体傾斜と目の前の傾斜が異なることが多々あるので錯覚に惑わされないことが大切です。

ステップ1 グリーン外から見る

グリーンの一番高い所と低い所を確認し、全体的にどちらに傾いているのかを把握します。

ステップ2 一番低い所から見る

傾斜は上から見るよりも下から見た方が把握しやすいので、一番低い所から傾斜の度合いを見ます。

ステップ3 ボールの反対側から見る

ボールとピンを結んだ延長線上から傾斜を見ます。このあたりからラインをイメージしていきます。

ステップ4 ボールの後ろから見る

ボールの後ろから傾斜を見ます。これまでの情報を元にすれば、ラインをある程度読めるようになります。

監修

西尾和也 (にしおかずや)

1977年生まれ。明治大学ゴルフ部主将を務め、卒業後は青木功プロに師事。キャディやマネージャーとして国内外合わせて50試合以上に帯同。2009年日本プロゴルフ協会（PGA）ティーチングプロのライセンスを取得。2019年に青木功ジュニア スクール西尾教室オープン（東京都大田区 京浜 ゴルフクラブ）。ゴルフコーチを育成・派遣する事業を柱とする株式会社ライオンハートジャパンの代表も務めている。

モデル

花渕里帆 (はなぶちりほ)

1999年生まれ。明治大学3年時に全国女子大学ゴルフ対抗戦優勝。

撮影協力

ブリック＆ウッドクラブ
〒290-0558 千葉県市原市山口

ベルビュー長尾ゴルフ倶楽部
〒412-0033 静岡県御殿場市神山1918

衣装協力

SY32 by SWEET YEARS GOLF

STAFF

制作
BeU合同会社

デザイン
三國創市

撮影
志賀由佳

企画編集
成美堂出版編集部（原田洋介、池田秀之）

悩みから引ける! ゴルフスイング問題解決大全

監 修　西尾和也

発行者　深見公子

発行所　成美堂出版
　　　　〒162-8445　東京都新宿区新小川町1-7
　　　　電話(03)5206-8151　FAX(03)5206-8159

印　刷　TOPPAN株式会社

©SEIBIDO SHUPPAN 2025 PRINTED IN JAPAN
ISBN978-4-415-33532-2
落丁・乱丁などの不良本はお取り替えします
定価はカバーに表示してあります